MIX
Papier aus verantwortungsvollen Quellen
Paper from responsible sources
FSC® C105338

Cornelia Scherpe

„Ich war tot"

Linguistische Analyse literarischer Texte

Am Beispiel Sebastian Fitzeks Roman „Die Therapie"

Diplomica Verlag GmbH

Scherpe, Cornelia: „Ich war tot": Linguistische Analyse literarischer Texte. Am
Beispiel Sebastian Fitzeks Roman „Die Therapie",
Hamburg, Diplomica Verlag GmbH 2013

Buch-ISBN: 978-3-8428-9550-8
PDF-eBook-ISBN: 978-3-8428-4550-3
Druck/Herstellung: Diplomica® Verlag GmbH, Hamburg, 2013

Bibliografische Information der Deutschen Nationalbibliothek:
Die Deutsche Nationalbibliothek verzeichnet diese Publikation in der Deutschen
Nationalbibliografie; detaillierte bibliografische Daten sind im Internet über
http://dnb.d-nb.de abrufbar.

Das Werk einschließlich aller seiner Teile ist urheberrechtlich geschützt. Jede Verwertung außerhalb der Grenzen des Urheberrechtsgesetzes ist ohne Zustimmung des Verlages unzulässig und strafbar. Dies gilt insbesondere für Vervielfältigungen, Übersetzungen, Mikroverfilmungen und die Einspeicherung und Bearbeitung in elektronischen Systemen.

Die Wiedergabe von Gebrauchsnamen, Handelsnamen, Warenbezeichnungen usw. in diesem Werk berechtigt auch ohne besondere Kennzeichnung nicht zu der Annahme, dass solche Namen im Sinne der Warenzeichen- und Markenschutz-Gesetzgebung als frei zu betrachten wären und daher von jedermann benutzt werden dürften.

Die Informationen in diesem Werk wurden mit Sorgfalt erarbeitet. Dennoch können Fehler nicht vollständig ausgeschlossen werden und die Diplomica Verlag GmbH, die Autoren oder Übersetzer übernehmen keine juristische Verantwortung oder irgendeine Haftung für evtl. verbliebene fehlerhafte Angaben und deren Folgen.

Alle Rechte vorbehalten

© Diplomica Verlag GmbH
Hermannstal 119k, 22119 Hamburg
http://www.diplomica-verlag.de, Hamburg 2013
Printed in Germany

Inhalt

A) THEORETISCHER TEIL

1. Einleitung – ein Linguist auf Abwegen? 7

2. Was ist ein Text? – Erkenntnisgewinnung durch Textlinguistik 11
   2.1 Linguistische Textdefinition 11
   2.2 Arbeitsfeld der literarischen Texte 15
      2.2.1 Textstruktur 16
         2.2.1.1 Kohäsion 16
         2.2.1.2 Die thematische Entfaltung 21
      2.2.2 Textfunktion 23
      2.2.3 Textsorte 25

3. Narrationstheorie 27
   3.1 Allgemeine Ausführungen 27
   3.2 Erzählerinstanz 28
   3.3 Narrative Muster 30

4. Das Spiel mit dem Stil – Was soll Stil eigentlich sein? 35
   4.1 Allgemeine Ausführungen 35
   4.2 Mikrostilistische Elemente 40
      4.2.1 Stilmittel der Wortebene 41
         4.2.1.1 Die Wortarten 41
         4.2.1.2 Die Tropen 43
      4.2.2 Stilmittel der Satzebene 47
         4.2.2.1 Satzumfang, Satzbau und Wortstellung im Satz 47
         4.2.2.2 Rhetorische Figuren 51
   4.3 Makrostilistische Elemente – satzübergreifende Stilmittel 52

B) PRAKTISCHE ANALYSE

5. „Die Therapie" – Inhaltszusammenfassung 55

6. Textlinguistische Betrachtungen 59
   6.1 Die Textsorte 59
   6.2 Die Textstruktur 63
      6.2.1. Kohäsion 63
      6.2.2. Die thematische Entfaltung 66
   6.3 Die Textfunktion 68

7. Erzählerinstanz und narrative Mittel in Fitzeks „Die Therapie" 71

8. „Ich war tot" – Linguistische Stilanalyse ausgewählter Aspekte 79
    8.1 Stilmittel der Wortebene..79
    8.2. Stilmittel des Satzbaus...86
    8.3 Satzübergreifende Stilmittel.......................................90

9. Fazit..97
    9.1 Resümee zu Fitzeks Werk aus linguistischer Sicht............97
    9.2 Resümee zu den Möglichkeiten einer linguistischen Analyse literarischer Texte 100

Literaturverzeichnis...103

A) THEORETISCHER TEIL

1. Einleitung – ein Linguist auf Abwegen?

„Ein Linguist auf Abwegen" – manchem mag dies als ein treffender Untertitel für diese Arbeit erscheinen, denn literarische Texte sind per definitionem Arbeitsgegenstände der Literaturwissenschaftler. Warum also widme ich mich in einer linguistischen Arbeit einem literarischen Werk? Die Antwort ist einfach: Es ist ein Irrtum, dass man nur mit literaturwissenschaftlichen Werkzeugen einen solchen Text analysieren könne. Auch die Linguistik kann einen bedeutenden Beitrag zur Betrachtung liefern und dem Text mit sprachwissenschaftlichen Werkzeugen seine Geheimnisse entlocken. Im Grunde ist es so, dass sich die Literaturwissenschaftler von jeher bei den Linguisten bedient haben. Sie erfassen die Metren von Gedichten, haben einen Katalog mit Tropen und diskutieren über ungewöhnliche Satzgliedstellungen. Linguisten können die Erscheinungsform eines Textes durch ihr Fachwissen jedoch noch gründlicher analysieren.

Ich werde in dieser Masterarbeit also zeigen, dass die Linguistik durch eine eingehende Analyse wichtige Informationen aus einem literarischen Text beziehen kann. Diese Aufgabe stellt mich vor eine große Auswahl an Arbeitsbereichen, denn die Linguistik hat viele Werkzeuge zur Hand. Ich habe mir die in meinen Augen aussagekräftigsten Werkzeuge für diese Arbeit ausgewählt. Somit entstehen zwangsläufig Leerstellen bei der Analyse und ich kann an dieser Stelle keinen Anspruch auf Vollständigkeit erheben. Ich kann jedoch eine Zusammenführung passender Analysemittel präsentieren.

Den didaktischen Wert dieser Werkzeuge werde ich im zweiten Teil verdeutlichen, indem ich sie auf den Roman „Die Therapie" von Sebastian Fitzek anwenden werde. Das eingefügte Romanzitat im Titel meiner Masterarbeit deutet dabei bereits an, was wir unter anderem erkennen werden: Warum fühlen wir etwas, wenn wir Sätze wie: „Ich war tot."[1] lesen und *was* fühlen wir eigentlich? Wie schafft es der Autor, mit einer denkbar einfachen Konstruktion aus drei Worten Spannung zu erzeugen? Ich behaupte,

---

1 Fitzek, Sebastian: Die Therapie. Psychothriller. Knaur Taschebuchverlag. München 2006. S. 26.

dass die Antworten darauf nicht subjektiv und schwammig sein müssen, sondern mittels einer linguistischen Analyse gegeben werden können.

Damit ist der grobe Aufbau vorgegeben. Diese Masterarbeit ist in zwei Blöcke gegliedert: „A) THEORETISCHER TEIL" und „B) PRAKTISCHE ANALYSE". Im ersten Block widme ich mich den zentralen Fragen, die bei dem Versuch, einen literarischen Text als Linguist zu untersuchen, unweigerlich auftreten müssen. Ich werde bei der grundlegenden Verständnisfrage nach der Definition des Arbeitsgegenstandes „Text" beginnen. Wenn der Begriff als solcher geklärt ist, frage ich nach der Textstruktur, der Textfunktion und der Textsorte. Welche Arbeitschritte muss man tun, um ein konkretes Beispiel analysieren zu können? Dieser Grundfrage der sogenannten linguistischen Textanalyse ist eine Erläuterung der Narrationstheorie angefügt; mit ihr kann man die übergeordneten Aspekte eines Werkes analysieren. Abschließend gibt es im theoretischen Block einen dritten Themenkomplex, der eine umfassende Stilanalyse vorstellen soll. „Die Stilistik bildet die deutlichste Fuge zwischen der Sprachwissenschaft und der Literaturwissenschaft."[2] Wichtig ist in diesem Zusammenhang die Erklärung des Stilbegriffes aus linguistischer Sicht. Ich widme mich dabei intensiv den Möglichkeiten der Stilanalyse, wobei ich mich in den Subkategorien der mikro- und der makrostilistischen Stilelemente bewegen werde. Dadurch kann man sich tief in den zu betrachtenden Text hineinarbeiten und interpretatorische Rückschlüsse ziehen. Häufig kann man mittels einer Stilanalyse auch das oft nur unwissenschaftlich erklärbare Textkriterium der Akzeptabilität seitens des Rezipienten erklären. Mit den Textualitätskriterien werden wir uns im nächsten Kapitel beschäftigen. Block A. mit seinen drei Kapiteln, ist bewusst so konzipiert, dass er einen Leidfaden für didaktische Selbststudien gibt.[3] Für Linguistikstudenten im Grundstudium kann die Arbeit so eine Schritt-für-Schritt-Anleitung zur Analyse eines Textkorpus werden. Da jedoch bekanntlich alle Theorie grau ist, bewegen wir uns im zweiten Block ausschließlich auf dem bunten Feld der Praxis und versuchen, alle Erkenntnisse auf ein literarisches Beispiel anzuwenden. Es ist nicht meine Absicht, im Zuge dieser Arbeit den Roman „Die Therapie" erschöpfend zu analysieren, sondern ich beziehe mich ausschließlich auf die Darstellung der Möglichkeiten einer linguistischen

---

2 Seidler, Herbert: Allgemeine Stilistik. Vandenhoeck & Ruprecht. Göttingen 1963. S. 68.
3 Um dies noch weiter zu erleichtern: Neu ingeführte, relevante Fachbegriffe werden fett hervorgehoben und im weiteren Verlauf kursiv gesetzt, um ein schnelles Wiederfinden zu ermöglichen.

Analyse literarischer Texte am Beispiel von Sebastian Fitzeks Roman „Die Therapie". Der Schwerpunkt dieser Arbeit liegt auch nicht auf der Darstellung der verschiedenen Forschungsstandpunkte zum jeweiligen Thema. Ich werde verschiedene Positionen namentlich benennen, wenn dies für das Verständnis wichtig ist, und erläutern, warum ich den einen Standpunkt dem anderen vorziehe. Doch diese Arbeit ist keine Diskussion der unterschiedlichen Forschungspositionen, sondern ein auf Praxis und Erkenntnisgewinnung gerichtetes Vorhaben.

2. Was ist ein Text? – Erkenntnisgewinnung durch Textlinguistik

2.1 Linguistische Textdefinition

„Was ist ein Text?" Literaturwissenschafter sorgen sich im Allgemeinen weniger um diese Frage weniger und nehmen ihre „Texte" oft als gegeben hin. Als Linguisten müssen wir aber einen genauer Blick wagen, denn der Text als wissenschaftlicher Gegenstand unterscheidet sich von unserem intuitiven Verständnis von Texten. Das Wort „Text" ist dem Lateinischen entlehnt, wo „textum" schlicht „Gewebe", oder „Zusammenfügung" meint. Diese Worte beschreiben durchaus die Haupteigenschaft von Texten, denn sie bestehen im Allgemeinverständnis aus mehreren Sätzen, die zusammenhängen. Dies ist natürlich keine ausreichend linguistische Definition. Da Texte aus Sätzen bestehen, beginnen wir mit der Definition des Begriffes „Satz"; hierfür gibt es eine übersichtliche Formel:

Proposition = Referenz + Prädikation.

„Proposition" leitet sich vom lateinischen Substantiv „propositio" ab und bedeutet im linguistische Sinne „Satz".[4] An die Stelle der „Referenz" kann ein einzelnes Wort, eine Wortgruppe, oder ein Satzglied treten. Wichtig ist nur, dass das Eingesetzte als der Gegenstand des Satzes fungiert. Hier finden wir das, worüber man sich sprachlich austauscht. Diesem Kommunikations-gegenstand wird schließlich eine Eigenschaft, die „Prädikation", zugeordnet. Sagen wir also:

Tom ist ein Kind.,

so ist „Tom" Referenz und „Kind" Prädikation. Zu beachten ist, dass in einem Satz auch mehrere Prädikationen enthalten sein können. Zum Beispiel:

Tom hat sein Zimmer trotz einer Krankheit verlassen..

---

4 In der Sprechakttheorie von Searle ist die Proposition der Sachverhalt, der durch den Satz ausgedrückt wird.

Es werden zwei Aussagen gemacht, nämlich dass der Referent krank war und dass er den Raum verließ. Man könnte bei diesem Beispiel noch weiter gehen und eine dritte Prädikation darin sehen, dass das „Zimmer" durch das Possessivpronomen „sein" als Toms Besitz angezeigt wird.

Doch entsteht ein Text nur aus der Tatsache, dass mehrere korrekte Propositionen zusammen stehen? Pessimistisch betrachtet, ist es wohl

> fraglich, ob es überhaupt möglich ist, einen allgemein gültigen Texbegriff zu entwickeln, der es erlaubt, zu bestimmen, was immer und überall als Text zu gelten hat.[5]

Wir wollen hier aber nicht resignieren, sondern etwas genauer in die Forschung blicken. Es existieren zwei große Schulen der Textdefinition, die weitere Klärung bringen können. Der Arbeitsbereich der **Textlinguistik** kennt zum einen die **sprachsystematische** Textbetrachtung und zum anderen den Standpunkt der **kommunikationsorientierten** *Textlinguistik*.

Die Perspektive der *sprachsystematisch orientierten Textlinguistik*[6] rückt die textliche **Kohärenz** in den Mittelpunkt. Dies bedeutet, dass ein Text als ein Gebilde begriffen wird, das aus syntaktisch korrekt zusammenhängenden Sätzen besteht. Man spricht bei dieser Betrachtungsweise auch von einem Versuch der „Textgrammatik", also dem Versuch, den Satz über sein Ende hinaus im Rahmen des ihn umgebenden Textes zu betrachten.[7] Die Textgrammatik will dabei syntaktische Regeln, wie sie für Sätze gelten, auf den gesamten Text übertragen Diese Vorgehensweise ist jedoch nicht ganz unproblematisch. Die Schwierigkeit liegt in der Annahme, der Satz sei die „oberste linguistische Bezugseinheit"[8] eines Textes. Wie der Name „*Textlinguistik*" aber bereits impliziert, ist der Erkenntnisgewinn wesentlich größer, wenn man ein Textkorpus als Ganzes betrachtet, das mehr ist als die Gesamtheit seiner Propositionen. Die *kommunikationsorientierte Textlinguistik*[9] versucht auf Basis dieser Annahme die Definition für „Text" deutlich zu verändern. Sie richtet ihre Aufmerksamkeit auf die

---

5 Brinker, Klaus: Linguistische Textanalyse. Eine Einführung in Grundbegriffe und Methoden. Erich Schmidt Verlag. Berlin 2005. S. 12.
6 Siehe dazu Vater, Heinz: Einführung in die Textlinguistik. Struktur und Verstehen von Texten. Fink Verlag. München 1994. S. 12 ff..
7 Als weiterführende Literatur zu dieser Forschungsrichtung der Textlinguistik empfiehlt sich Weinrich, Harald: Textgrammatik der deutschen Sprache.
8 Brinker, Klaus: Linguistische Textanalyse. S. 13.
9 Siehe dazu Vater, Heinz: Einführung in die Textlinguistik. S. 15 ff..

Kommunikationssituation, in der sich ein Text befindet und besagt, dass der Text aus ihr heraus erklärt werden muss. An dieser Stelle wird deutlich, dass man die linguistische Pragmatik als wesentlich ansieht und Textkriterien, wie Autorintention, Textsituation und **Intertextualität**, ins Zentrum rückt. Der kommunikative Zweck des Textes wird in seiner Wichtigkeit über die grammatisch richtige Satzfolge gestellt. Ich schließe mich Brinker an, der beide Schulen nicht als Konkurrenten, sondern als „komplementäre Konzeptionen [...] betrachte[t] und eng aufeinander [...] bezieh[t]".[10] Aus diesem Standpunkt heraus entwickelt er eine Definition des Textbegriffes, der in dieser Arbeit gelten soll.

> Der Terminus 'Text' bezeichnet eine begrenzte Folge von sprachlichen Zeichen, die in sich kohärent ist und die als Ganzes eine erkennbare kommunikative Funktion signalisiert.[11]

Betrachten wir „Text" nun noch ein wenig genauer und suchen Kriterien für seine Seinsdefinition. Wenn wir uns mit Texten aus sprachwissenschaftlicher Sicht beschäftigen, konzentrieren wir uns auf die sogenannten **Textualitätskriterien**. Es gibt sieben Regeln der Textualität, die auf de Beaugrande und Dressler zurückgehen und als **konstitutive Prinzipien** bezeichnet werden.[12] Um vom wissenschaftlichen Standpunkt aus ein Korpus als Text bezeichnen zu können, müssen 1.) **Kohäsion**, 2.) *Kohärenz*, 3.) **Intentionalität**, 4.) **Akzeptabilität**, 5.) **Informativität**, 6.) **Situationalität** und 7.) *Intertextualität* vorhanden sein.

Die *Kohäsion* (lat. „cohaerere" = „zusammenhängen") kann auch als grammatische *Kohärenz* bezeichnet werden. Dies heißt nichts anderes, als dass sie den syntaktischen Zusammenhang von Texten darstellt, wobei sie sich auf den Phänotyp – die äußere Gestalt des Textes – bezieht. Wir betrachten also die *Kohäsion* beispielsweise dann, wenn wir die in einem Text enthaltenen Tempora analysieren. *Kohäsion* stellt demnach die grammatische Textverknüpfung her.

Im Gegensatz zur *Kohäsion* geht es bei der *Kohärenz* nicht um einen grammatikalischen, sondern um einen semantischen Zusammenhang. Mit der *Kohärenz* beschreibt man, inwieweit die im Text verwendeten Begriffe ein logisches Beziehungsgefüge ergeben. Der Text muss für uns einen Sinn ergeben, damit wir ihn

---

10 Brinker, Klaus: Linguistische Textanalyse. S. 17.
11 Ebd.. S. 17.
12 Vgl. z.B. Vater, Heinz: Einführung in die Textlinguistik. S. 31 ff..

als Text anerkennen. Diese inhaltlichen Verbindungen im Text müssen jedoch nicht auf der Textoberfläche erkennbar sein. In den meisten Fällen findet man die Kausalzusammenhänge ohnehin nur in der Tiefenstruktur. Zum Beispiel heißt es in einem bekannten Kinderlied:

> Fuchs, du hast die Gans gestohlen, gib sie wieder her, gib sie wieder her! Sonst wird dich der Jäger holen, mit dem Schießgewehr!

Ohne dass es explizit gesagt wird, verstehen wir, dass es einen kausalen Zusammenhang zwischen dem Gänsediebstahl des Fuchses und der Drohung einer Schießung durch den Jäger gibt.

Das dritte Kriterium bezieht sich auf die Intention des Textverfassers. Untersucht man die *Intentionalität*, unterstellt man dem Autor, dass er beim Niederschreiben ganz konkrete Ziele verfolgte. Der Rezipient unterstellt eine bestimmte Aussageintenion auch dann, wenn der Textproduzent eine solche Absicht nicht deutlich artikuliert. Als die gängigsten Intentionen kann man die Wissensvermittlung, die moralische Belehrung sowie die Unterhaltung anführen.

Neben dem Standpunkt des Autors betrachtet man ferner den Standpunkt des Lesers. Dies ist das *Textualitätskriterium* der *Akzeptabilität*. Als Rezipient erwartet man *Kohärenz* und *Kohäsion* gleichermaßen, ansonsten wird die Lektüre als sinnentleert betrachtet und damit nicht als Text akzeptiert.

Das fünfte Kriterium ist die *Informativität*, wobei man sich darauf bezieht, dass jeder einen Text nach seinem Informationsgehalt bewertet. Es entsteht ein ständiger Balanceakt zwischen dem Erwarteten und dem Unerwarteten. So erscheinen kurze Texte oft informativer, da zum einen die Aufmerksamkeit und Aufnahmefähigkeit nicht überfordert wird, aber auch jeder Rezipient selbst mitarbeiten muss, also eine aktive Rolle einnimmt. In der Werbebranche wird sehr oft mit diesem *Textualitätskriterium* gearbeitet, indem dem Rezipienten Wortspiele und Andeutungen gegeben werden, deren versteckter Sinn ergänzt werden muss. Der Rezipient wird so in eine aktive Rolle versetzt.

Das vorletzte Kriterium bezieht sich auf die Faktoren, die während der Situation des Kommunikationsprozesses relevant sind. Wie entscheidend das *Textualitätskriterium Situationalität* ist, wird klar, wenn man zum Beispiel an das Warnschild

> Betreten verboten – Eltern haften für ihre Kinder

denkt. Hier ergibt sich der logische Sinn nur dann, wenn das Schild im Zusammenhang mit dem Ort betrachtet wird, an dem es aufgestellt ist: zum Beispiel eine Baustelle, oder ein Fabrikgelände.

Schließlich spielen intertextuelle Bezüge eine wichtige Rolle; sie bilden das siebte Kriterium: die *Intertextualität*. Jeder verfasste Text steht nicht für sich allein, sondern besitzt einen Kontext. Ein Text steht so auch stets in Kommunikation mit anderen Texten. Ein anschauliches Beispiel wären Kommentare in der Presse. Diese beziehen sich häufig auf bereits verfasste Texte und sind oft nur zu verstehen, wenn man den entsprechenden thematischen Zusammenhang kennt.

2.2 Arbeitsfeld der literarischen Texte

Literarische Texte sind also bei Weitem nicht den Philologen vorbehalten, dies ist inzwischen klar geworden. Es stellt sich allerdings noch die Frage, was ein *literarischer* Text überhaupt sein soll. Was unterscheidet diese Texte von Alltags- oder Gebrauchstexten? Und sind Sachtexte mitunter nicht auch literarisch? (Die Texte vieler Sozilogen führen bei vielen Studenten beispielsweise zur Annahme, dass es wichtiger sei, kunstvoll zu schreiben, als Inhalte zu vermitteln.) Dimter versucht eine Denfinition „normaler" Texte mit der Anmerkung, dass ihnen einfach „kein besonderer ästhetisch-literarischer Anspruch" innewohne.[13] Diese Erklärung ist weder befriedigend noch sehr nützlich, wenn man bedenkt, wie stark die Grenzen in Zeiten von „moderner Kunst" verschwimmen. Eine allgemeingültige Trennlinie zwischen dem, was ästhetisch anspruchsvoll und damit literarisch ist und dem „Alltäglichen" ist meines Erachtens

---

13 Dimter, Matthias: Textklassenkonzepte heutiger Alltagssprache. Kommunikationssituation, Textfunktion und Textinhalt als Kategorien alltagssprachlicher Textklassifikation. Niemeyer Verlag. Tübingen 1981. S. 35.

unmöglich zu ziehen. Doch unabhängig von dieser Grundsatzdebatte, die hier nicht ausgefochten werden soll, ist es für einen Linguisten sinnvoll, sich jedem Text zunächst mittels einer *textlinguistischen* Analyse zu nähern.

Die *Textlinguistik* ist eine eigene wissenschaftliche Teildisziplin, die durch drei Analyseschritte gekennzeichnet ist. Basierend auf den erläuterten regulativen Textkriterien, wird zunächst die *Kohäsions-* sowie die *Kohärenz*struktur betrachtet. Dies ermöglicht eine Analyse der **Textstruktur**, zu der ebenfals die sogenannte **thematische Entfaltung** gehört. Anschließend wird die **Textfunktion**, auch „Texthandlung" genannt, analysiert, um daraus in einem dritten Analyseschritt die **Textsorten** zu bestimmen und zu beschreiben. Anhand dieses Leidfadens lassen sich literarische Texte aus linguistischer Sicht bearbeiten. Wenden wir uns nun dem ersten Analyseschritt zu.

2.2.1 Textstruktur

Wenn man nach der *Textstruktur* fragt, betrachtet man zum Einen die *Kohäsion* des Textes, zum Anderen die *thematischen Entfaltung*.

2.2.1.1 Kohäsion

Die Kohäsion, also der grammatische Zusammenhang im Text, kann durch verschiedene Mittel hergestellt werden. Das zentrale Mittel für ein Textgefüge ist die **Koreferenz**[14]. *Koreferenzen* sind Wiederaufnahmen von Referenzen, die sowohl **explizit**, als auch **implizit** erfolgen können. Die einfachste Form ist die *explizite Wiederaufnahme*, denn hierbei besteht Referenzidentität. Ein Beispiel:

> Die Kinder gingen Spielen. Die Kinder hatten Spaß.

Außersprachliche Objekte, wie etwa Gegenstände oder Personen, aber auch Handlungen, dienen im Text als Referenzträger: in unserem Beispiel die Kinder. Diese Referenten kommen im Text immer wieder vor und schaffen durch die

---

14 Vgl. dazu: Brinker, Klaus: Linguistische Textanalyse. S. 27 ff..

Wiederaufnahme ein zusammenhängendes Korpus. Dabei bedarf es bei einer *expliziten Wiederaufnahme* nicht einmal einer Lexemgleichheit wie im vorgegebenen Beispiel: es können zwar durchaus dieselben Nomen beziehungsweise Nomengruppen verwendet werden, aber ebenso können andere an die entsprechende Stelle treten:

> Die Kinder gingen Spielen. Die Kleinen hatten Spaß.

Dies ist legitim, solange der *explizite* Bezug ersichtlich bleibt.

Auch bestimmte und unbestimmte Artikel können zum Einsatz kommen, wobei der unbestimmte Artikel gern benutzt wird, um Unbekanntes neu in den Text einzuführen:

> Eine Frau rannte die Straße entlang.

Tritt derselbe Referenzträger später erneut auf, wird der unbestimmte Artikel nicht mehr benutzt, sondern durch den bestimmten Artikel ersetzt:

> Die Frau war überfallen worden..

Eine Sonderform der *expliziten Wiederaufnahme* erfolgt mittels der „Pro-Formen". Hier trifft man auf Pronomen oder Adverbien, die den Referenzträger lediglich wieder aufnehmen, dabei aber aufgrund ihres „minimalen Bedeutungsinhalts"[15] keine neuen Informationen liefern können und dies auch nicht sollen. Ein Beispiel:

> Sie war überfallen worden..

Dagegen sprechen wir von einer *impliziten Wiederaufnahme* bei Sätzen wie:

> Ich war in Weimar. Ich sah das Wohnhaus von Goethe..

Hier ist ein Erfüllen des *Textualitätskriteriums* der *Informativität* stark vom Wissen des Rezipienten abhängig. Dieser muss in kognitiver Eigenleistung erkennen, dass beide Lexeme trotz verschiedener Referenzträger auf einen zusammenhängenden Themenkomplex rekurrieren. Besonders bei der *impliziten Aufnahme* kann es zu

---

15 Ebd.. S. 33.

Fehlleistungen kommen, aufgrund deren ein Rezipient den Text als „Nichttext" beiseite legt.

Neben dieser grammatischen Textstrukturanalyse sollte man gleichermaßen die thematische Struktur beachten. Dafür eignet sich besonders das **Thema-Rhema-Konzept** der Prager Schule.[16] Hierbei kann man direkt Rückschlüsse auf die Beziehung zwischen Textthema und *Textstruktur* ziehen. Die 1929 von Mathesius als „funktionale Satzperspektive"[17] begründete Methode basiert auf der Annahme, dass jeder Satz ein Thema und ein sogenanntes Rhema besitzt. Während das Thema der Aussagegrund ist, fügt das Rhema diesem eine Information hinzu, dient also als Kern der Aussage. Bei einer **einfachen linearen Progression** gibt es im ersten Satz ein Thema 1, dem ein Rhema 1 zugeordnet wird. Im folgenden Satz wird das Rhema 1 des ersten Satzes nun zum Thema 2 des zweiten Satzes und es erfolgt eine neue Kernaussage über dieses neue Thema.

> Paul hat einen Ball. Der Ball liegt im Flur. Im Flur ist es dunkel.

Man kann jedoch auch den Text aus einem Thema konzipieren und diesem immer weitere Informationen, Rhemas, hinzufügen:

> Paul hat einen Ball. Paul ist sportlich sehr aktiv. Paul ähnelt dadurch seinem Bruder.

Dies nennt man eine **Progression mit durchlaufendem Thema**.

Ein Thema kann jedoch im Text auch impliziert sein, ohne selbst genannt zu werden. Bei dieser **Progression mit abgeleitetem Thema** muss wieder der Rezipient kognitive Ergänzungsarbeit leisten, um das Thema aus den genannten Rhemas zu erschließen. Vom Satz

> Er ist begabt, hat viele Fans und spielt gut Gitarre

kann man auf das Thema „Musiker/Gitarrist" schließen.

---

16 Vgl. dazu: Sowinski, Bernhard: Textlinguistik. Eine Einführung. Verlag W. Kohlhammer. Stuttgart 1983. S. 98 ff..
17 Vgl. dazu Brinker, Klaus: Linguistische Textanalyse. S. 49.

Weitere Ergänzungsarbeit ist bei der **Progression mit thematischen Sprung** von nöten. Hier wird ein Glied ausgelassen, das vom Rezipienten aber durch die zusammenhängende *Textstruktur* ergänzt werden kann:

> Er betrat den Raum. Dieser war sehr groß. Teppiche lagen auf dem Boden..

Abschließend gibt es noch die **Progression mit gespaltenem Rhema**, bei der das Rhema schlicht in mehrere neue Themen aufgespaltet werden kann. Zum Beispiel:

> Auf der Straße lagen zwei Kaffeebecher. Einer war noch halb voll, der andere schien leer..

Das oben Dargestellte fasst Sowinski unter dem Schlagwort „mikrotextuelle Progressionen"[18] zusammen. Er erkennt diese zwar als völlig legitime linguistische Arbeitswerkzeuge an, gibt aber zu bedenken, dass bei einer Textbetrachtung auch immer „makrotextuelle Progressionen"[19] beachtet werden müssen. Makrotextuelle Progressionen sind für sich genommen ein großes Feld, das wir hier aus Relevanzgründen auf die Theorie der „**narrative[n] Superstruktur**"[Markierung durch Verfasser.][20] beschränken wollen. Die Theorie der *narrativen Superstrukturen* ist, wie der Name vermuten lässt, für literatische Narrationen konzipiert worden. Sie geht davon aus, dass diese Strukturen in jeder Narration vorhanden sind und erarbeitet werden können. Eine n*arrative Superstruktur* ist

> eine Art abstraktes Schema, das die globale Ordnung eines Textes festlegt und das aus einer Reihe von Kategorien besteht, deren Kombinationsmöglichkeiten auf konventionellen Regeln beruhen.[21]

Diese Darstellung ist so noch unbefriedigend, daher wollen wir etwas tiefer dringen. Am Besten lässt sich die Theorie anhand des Baumdiagrammes von Dijk erläutern:

---

18 Sowinski, Bernhard: Textlinguistik. S. 98 ff..
19 Ebd.. S. 101 ff..
20 Ebd.. S. 103.
21 Dijk, Teun Adrianus van: Textwissenschaft. Eine interdisziplinäre Einführung. Niemeyer-Verlag. Tübingen 1980. S.131.

Abbildung 1: Erzählmodell nach Dijk

Wie zu erkennen ist, wird hier versucht, einen Roman in seiner Gesamtheit als *Progression* zu erfassen. Die *narrative Superstruktur* zerfällt demnach in die „Geschichte" als solche und die „Moral" auf der Metaebene, wie sie sich zum Beispiel in Fabeln gerne findet. In anderen literarischen Texten ist die Moral aber meist impliziet in den Verfehlungen der Protagonisten versteckt. Die Geschichte besteht aus dem „Plot" (also Handlung) und der „Evaluation". Die Evaluation ist dabei nicht selbst Teil der Geschichte, sondern findet außerhalb der eigentlichen Handlung statt, also etwa im Rezipienten selbst oder aber in den Kommentaren von Figuren und Erzählern. Der Plot besteht aus verschiedenen „Episoden", die auch gern als Kapitel markiert vorliegen. Die Episoden schaffen zum einen die örtlichen und zeitlichen „Rahmen" und treiben zum anderen die „Ereignisse" voran. Diese Ereignisse treten immer in einem Wechselspiel von „Komplikation" und „Auflösung" auf. Man erkennt an diesem Aufbau deutlich die Anlehnung an Chomskys berühmte generative Transformationsgrammatik.

> Der generative Charakter solcher Modelle entsteht dadurch, daß mit Hilfe der Regeln einfache Elemente einer narrativen 'Tiefenstruktur' zunehmend differenziert und auf diese Weise komplexe 'Oberflächenstrukturen' von Erzählungen abgeleitet werden.[22]

---

22 Martinez, Matias/Scheffel, Michael: Einführung in die Erzähltheorie. Beck-Verlag. München 2005. S. 147.

Diese „Erzähltextanalyse"[23], wie Brinker sie nennt, eignet sich natürlich besonders für diese Arbeit, gilt es doch, einen Roman zu betrachen. Den Ausgangsgedanken, es gebe einen „thematischen Kern"[24], greift Brinker ebenfalls wieder auf und erarbeitet auf dieser Basis das Konztept der *thematischen Entfaltung*.

2.2.1.2 Die thematische Entfaltung

Um dem thematischen Kern herum entfaltet sich das Thema dabei wie eine Blüte, wobei keine Blüte der anderen gleicht und es immer neue Muster gibt. Dieses Werkzeug dient dazu, „die thematische Struktur gegebener Texte transparent zu machen".[25] Obwohl jede Blüte anders erscheint, gibt es natürlich übergeordnet Blütenfamilien. Brinker nennt vier primäre Formen der *Entfaltung*,[26] die aber immer von der *Intentionalität* des Autors abhängig seien. Die Beschreibung der Strukturierung erfolgt in zwei Schritten. Zunächst muss der Themenkern erfasst werden (z.B. Krieg, Familie, Einkaufen etc.) und danach wird betrachtet, wie dieser Kern bearbeitet, also ausgelegt und entfaltet wird. Folgende vier Arten gibt es:

Ein Thema kann erstens *deskriptiv* entfaltet werden. Texte dieser Kategorie dienen dazu, den Themenkern zu beschreiben. Das Thema entfaltet sich dadurch, dass seine „Komponenten (Teilthemen) dargestellt und in Raum und Zeit eingeordnet" werden.[27] In den meisten Fällen existiert also eine genau nachvollziehbare Zeitlinie, die vom Autor abgearbeitet wird. Dabei wird dem Rezipienten durch temporale („heute", „jetzt") und durch lokale Adverbien („dort", „hier") das Thema mit allen nötigen Informationen (im Idealfall) dargelegt. Neben *deskriptiven* Beschreibungen, die in Romanen vorherrschen, arbeiten besonders auch Fachbücher meist *deskriptiv*, ebenso wie Schul- und Lehrbücher. Auch Lexikonartikel oder Gebrauchsanweisungen erfüllen eine *deskriptive* Funktion.

Die beschreibende Ebene wird bei der *narrativen Entfaltung* verlassen. Hier werden zwar auch Ereignisse erzählt, meist werden sie aber moralisch bewertet. Sowohl in Gesprächen des Alltags, als auch in literarischen Werken dominiert diese Form der

---

23 Brinker, Klaus: Linguistische Textanalyse. S. 52.
24 Ebd.. S. 55.
25 Ebd.. S. 55.
26 Vgl. dazu: Ebd.. S. 65 ff.
27 Ebd.. S. 65.

Themenentfaltung. Es versteht sich von selbst, dass die *narrative Themenentfaltung* in dieser Arbeit von besonderer Wichtigkeit ist. Brinker unterscheidet drei „Grundkategorien"[28] bezüglich dieser Form der *Entfaltung*. In der Kategorie der **Situierung** erfährt der Leser Eckdaten zu Ort und Zeit des Geschehens – jedoch nicht unbedingt am Anfang der Geschichte. Bei der **Repräsentation** werden die Handlungsträger eingeführt und ihre Charaktere im Sinne der Geschichte entwickelt, zudem handeln die Figuren. In der letzten Kategorie, dem **Resümee**, werden alle Handlungsstränge bilanzierend zusammengeführt, offene Fragen geklärt und normative Wertungen abgegeben. Je nachdem, ob das Ende offen ist oder nicht, kann man eine Evaluation erwarten.

Die Texte der dritten Form, der *explikativen Entfaltung*, lassen sich meist leicht erkennen, denn sie beginnen mit einem Sachverhalt, der als unbekannt vorausgesetzt und im weiteren Textverlauf erläutert wird. Ein sogenanntes Explanandum, also das „zu Erklärende"[29], wird durch ein Explanans, das Erklärende, dargestellt. Das Explanandum kann impizit sein, wie es oft in Gebrauchsanleitungen der Fall ist. Hier entnimmt der Rezipient dem Textkriterium der *Situationalität*, dass es ein Explanandum gibt. Kauft er zum Beispiel einen Tisch zum Selbstzusammenbauen, weiß er beim Lesen der Gebrauchsanleitung, dass er dieses Wissen nicht von allein hat. Dient ein Text dazu, sich mit umstrittenen Themen zu befassen, oder soll er eine appellierende Wirkung besitzen, wird der thematische Kern *argumentativ* entfaltet. Meist wird zu Beginn der Sachverhalt kurz eingeführt und dann werden zwei oder mehr Standpunkte dazu präsentiert. Mittels objektiv nachvollziehbarer Argumente soll ein Standpunkt über den/die anderen obsiegen. Meist treten in der Praxis natürlich Mischformen der unterschiedlichen *Entfaltung*sarten auf. So kann ein Nachrichtenkommentar zuerst *deskriptiv* die Fakten nennen, darauf *argumentativ* aufbauen und zum Schluss *explikativ* seine Meinung kundtun.

---

28 Vgl. dazu: Ebd.. S. 71.
29 Ebd.. S. 75.

2.2.2 Textfunktion

Durch die Befassung mit den *Entfaltung*sarten haben wir bereits das zweite Gebiet der *Textlinguistik* gestreift. Die Texthandlung beschreiben zu können, ist ein wichtiger Aspekt der *deskriptiven* Erfassung von Texten. Wir hinterfragen damit die kommunikative Funktion von Texten. Wir bewegen uns dabei im Zuständigkeitsbegreich der Pragmatik, denn wir fragen nach den Absichten hinter einer sprachlichen Handlung.[30] Wir fragen nach dem praktischen Nutzen der Theorien und finden, aufbauend auf der Pragmatik, fünf *Textfunktionen*.

An erste Stelle steht meist die **Kontaktfunktion**. Der Emittent baut eine personale Beziehung zu seinem Rezipienten auf (bzw. aus), indem er ihn beispieweise begrüßt oder Worte des Dankes an ihn richtet etc. Diese *Textfunktion* geht oft den anderen voran und dient als Einleitung. Die Beziehung wird aufgenommen, um das Erfüllen weiterer Funktionen zu erleichtern. Hier reguliert das gesellschaftliche Gefüge, mit welchen sprachlichen Mitteln gearbeitet werden muss, um die intendierte Funktion zu erfüllen. Dabei ist die negative Kontaktknüpfung seltener als die positve, sie kann aber auch zum Einsatz kommen, etwa dann, wenn der Rezipient verunsichert oder eingeschüchtert werden soll.

Bei der **Informationsfunktion** vermittelt der Emittent ein ihm zur Verfügung stehendes Wissen an einen oder mehrere Rezipienten. Wir sehen hier automatisch die *deskriptive Thementfaltung*. Dabei kann der Vermittler durchaus verschiedene Wahrscheinlichkeitsangaben bezüglich seines Wissens machen. Er kann eine Information als Tatsache darstellen oder sie als Möglichkeit angeben. Man kann seine Informationen auf Argumente stützen und Quellen zur Untermauerung angeben. Dabei dienen häufig Modalwörter wie „offenbar" oder „vermutlich" als Signaworte. Gutachten oder Rezensionen besitzen primär eine *Informationsfunktion*, allerdings tritt hier oft ein wertender Aspekt hinzu. Dennoch ist die „informative Textfunktion […] sowohl mit einer sachbetonten als auch mit einer meinungsbetonten sprachlichen Darstellung kompatibel".[31]

---

30 Diese Arbeit setzt die Kenntnis der Sprechakttheorie voraus.
31 Brinker, Klaus: Linguistische Textanalyse. S. 115.

Geht es über eine Meinungsbetonung hinaus und will der Emittent seine Rezipienten von der eigenen Meinung überzeugen, spricht man von der **Appellfunktion**. Der Emittent kann performative Verben benutzen („befehlen", „beauftragen", „verlangen"), er kann aber auch subtil arbeiten. Imperativsätze wirken appellativ, ebenso wie sehr kurze Infinitiv-konstruktionen:

> Einfach fallen lassen.

wäre ein typisches Beispiel aus der Werbeindustrie, wo der versteckte Appell auf den Kauf des beworbenen Produkts zielt. Appelle können auch in Versprechen versteckt sein, etwa:

> So wird das Leben sicherer.

Die Aussicht auf Erreichen des Zieles, indem man einer vorgeschlagenen Handlungsweise folgt, lockt die Rezipienten.

Wenn der Emittent nicht überzeugen, sondern verpflichten will, nutzt er die **Obligationsfunktion**. Der Rezipient soll mit sprachlichen Mitteln dazu gebracht werden, sich beispielsweise zum Einhalten eines Vertrages oder eines Gelübdes zu verpflichten. Die *Obligationsfunktion* ähnelt damit der **Deklarationsfunktinon**, bei der ebenfalls die Macht der Sprache deutlich wird: Der Emittent versucht, eine neue Realität zu erschaffen, indem zum Beispiel Vollmachten erteilt oder ärztliche Atteste ausgeschrieben werden. Die Wirksamkeit dieser Sprechakte basiert natürlich auf der jeweiligen Sozialisation, die ein Menschen erfahren hat, und (wie in unserem Beispiel)dem Glauben an die Wirksamkeit von Institutionen.

Mischformen der fünf Funktionen mit unterschiedlichen dominanten Aspekten sind die Regel. In jedem Fall ist eine Kommunikationsabsicht jedoch seitens des Emittenten in den Text integriert. Hier steht also einmal mehr das Textkriterium der *Intentionalität* im Vordergrund, ohne das es keinen Text gibt. Wie die Absicht kundgetan wird und welche Mittel vom Rezipienten akzeptiert werden, ist durch die jeweilige Kommunikationsgemeinschaft verbindlich festgelegt.[32]

---

32 Vgl. dazu: Ebd.. S. 100.

2.2.3 Textsorte

Aufgrund ihrer Funktionen und Struktur lassen sich Texte auch in übergeordnete Textkategorien zusammenfassen. Hierbei sprechen wir von *Textsorten*. Wir haben *Textsorten* als Muster in unserem Alltagswissen gespeichert und ein intuitives Gefühl dafür, in welche Klasse ein Text einzuordnen ist. Grobe Ordnungskritieren dafür sind Oralität versus Literalität, dialogisch versus monologisch beziehungsweise Anwesenheit versus Abwesenheit der Gesprächsparnter und öffentliche versus private Kommunikationssituation. Eine wirklich befriedigende und umfassende Klassifizierung im wissenschaftlichen Sinne gibt es aber bislang nicht. Vater sieht *Textsorten* als eine Zusammenstellung von Textklassen an.[33] Innerhalb einer Textklasse besitzen die Texte gemeinsame übergeordnete Eigenschaften, seien dies strukturelle Charakteristika oder etwa die konkrete *Themenentfaltung*. Legt man die *Themenentfaltung* als Kriterium an, kann man immerhin schon beschreibende Texte (z.B. Gebrauchsanleitung), narrative Texte (z.B. Roman), explikative Texte (z.B. wissenschaftliche Arbeiten) und argumentative Texte (z.B. politische Rede) voneinander differenzieren (zumindest in der Theorie, da in der Praxis Mischformen dominieren). Da die *Themenentfaltung* zum Gebiet der *Textstruktur* zählt, ist dieser Ansatz der *sprachsystematischen* Textbetrachtung zuzuordnen. Ebenfalls zur *sprachsystematischen* Sichtweise zählt die Unterteilung literarischer Werke in die bekannten Sorten Lyrik, Dramatik und Epik mit ihren verschiedenen Subformen, sprich Genres. Wir haben dabei ein *sprachsystematisches* Verständnis von *Textsorten*, da Struktur und grammatischer Aufbau als Schablonen dienen. So findet sich beispielsweise in Werken der Dramatik ausschließlich die direkter Rede; Regieanweisungen bilden die einzige Ausnahme.

Dem zweiten Forschungsansatz der *kommunikationsorientierten Textlinguistik* kann man noch mehr entnehmen. Meist dienen den *kommunikationsorientierten* Analytikern die *Textfunktionen* als Unterteilungshilfe. Texte lassen sich dann *Textsorten* zuordnen, wenn man verstanden hat, welche typische Funktion erfüllt wird. So ergeben sich unterhaltende (als ästhetische) Texte, appellative Texte, informative bzw. deskriptive Texte und normative Texte. Die bekannten pragmatischen Wende führte in den 1970er-

---

33 Vgl. dazu: Vater, Heinz: Einführung in die Textlinguistik. S.157 ff..

Jahren weiterhin dazu, dass Textsorten durch den Einbezug des außertextlichen Kontextes bestimmt wurden. Die Situation während der Textrezeption stand nun im Vordergrund. Bei dieser *kommunikationsgebundenen* Herangehensweise beachtet man daher das *Textkriterium der Situationalität* und kann so zum Beispiel zwischen der Anwesenheit beider Gesprächspartner („Face-to-face-Kommunikation") oder ihrer Abwesenheit (Telefon, Radio, Fernsehen, Buch) differenzieren.

Doch man muss sich dem Problem dieser Analysekategorien bewusst sein: Verschiedene Linguisten gelangen zu verschiedenen Textklassen, je nachdem, welche *Textsortenklassifikation* sie für sich anlegen.

Das Werk, das ich im praktischen Teil analysieren werde, ist der Epik zugeordnet, genauer dem Roman, und muss in das Genre (Psycho-)Triller eingeordnet werden. Das allein sagt uns jedoch zunächst einmal nichts über die Wirkung, oder die Autorintention. Die Möglichkeiten der Klassifikation sind dennoch sehr groß, wenn man sie im individualen Fall genau betrachtet. Wir werden uns daher im praktischen Teil die Textsorte bei Fitzek intensiv ansehen.

3. Narrationstheorie

3.1 Allgemeine Ausführungen

Die **Narrationstheorie** beschäftigt sich mit der *narrativen thematischen Entfaltung*. Sie verbindet

> Erkenntnisse, die in der literaturwissenschaftlichen Erzähltheorie gewonnen wurden, verbunden mit solchen, die wir der linguistischen Erforschung der 'konversationellen Erzählungen' (Erzählungen in der alltäglichen Kommunikation) verdanken.[34]

„Narration" dient als „Oberbegriff für die Gestaltungsart".[35] Es wird untersucht, auf welche Weise Ereignisse oder Gedanken an Rezipienten weitergegeben werden. Es geht also weniger um das „Was" (die *Informationsfunktion*), sondern um das „Wie". Viele Narrationstheoretiker sagen explizit, dass die *Narrationstheorie* „deutlich den Aspekt der Konstruktion hervor[hebt]",[36] das impliziert also auch, dass Fehlinformationen oder Nicht-Fakten präsentiert werden können. Genau um solche Nicht-Fakten geht es bei literarischen Werken. Es wird Fiktion geboten, wobei fiktiv „nicht wirklich, erfunden"[37] meint. Wichtig ist, dass der Rezipient sich bei Beginn der Lektüre darauf einlässt, dass er mit Fiktion konfrontiert wird (er hält ein Buch in der Hand, also haben wir das *Textkriterium* der *Situationalität*). Der Roman wird als Text akzeptiert, da der Autor sich mit seinen Rezipienten darauf einigt, dass Fiktion präsentiert wird. Dies ist ein

> spielerisches Sich-Einlassen des Lesers auf die fiktionale Erzählung, das darin besteht, die Erzählung für die Zeit der Lektüre in einer gewissen Hinsicht für wahr zu halten.[38]

---

34 Burger, Harald: Mediensprache. Eine Einführung in Sprache und Kommunikationsformen der Massenmedien. Walter de Gruyter Verlag. Berlin 2005. S. 289.
35 Luginbühl, Martin/Schwab, Kathrine/Burger, Harald: Geschichten über Fremde. Einef linguistische Narrationsanalyse von Schweizer Fernsehnachrichten von 1957 bis 1999. Peter-Lang-Verlag. Bern 2004. S. 12.
36 Hickethier, Knut: Das Erzählen der Welt in den Fernsehnachrichten. Überlegungen zu einer Narrationstheorie der Nachricht. In: Rundfunk und Fernsehen 45. Nomos Verlagsgesellschaft. 1997. S. 18.
37 Zipfel, Frank: Fiktion, Fiktivität, Fiktionalität. Analysen zur Fiktion in der Literatur und zum Fiktionsbegriff in der Literaturwissenschaft. Berlin 2001. S. 19.
38 Ebd.. S. 217.

Die *Narrationstheorie* sucht nun innerhalb des Textkorpus nach „**narrative[n] Muster[n]**" [Markierung durch Verfasser.][39]. Deren Existenz wird als Grundannahme vorausgesetzt. Die *Narrationsanalyse* wird dabei zu einer interdisziplinären Schnittstelle, an der Linguisten mit Literatur-, aber auch Kommunikationswissenschaftlern zusammenarbeiten.[40] Muster, nach denen gesucht und die untersucht werden, sind zum Beispiel Thematisierungen und Rahmung, verschiedene Arten der Redewiedergabe, stilistische Elemente auf Wort- und Satzebene, die Verwendung von Tempora und figurenbezogene Perspektivenwechsel zwischen Fremd- und Eigenperspektiven.[41] Die genaue Struktur von Erzählungen ist dabei immer sehr individuell. Den fünfteiligen Dramenverlauf nach Gustav Freytag kennt jeder Literaturwissenschaftler zur Genüge, über seine didaktische Fruchtbarkeit lässt sich streiten.

Bevor wir die *narrativen Muster* in einem Unterkapitel eingehend betrachten, müssen wir den zweiten Schwerpunkt der *Narrationstheorie* jedoch zuerst einführen: die **Erzählerinstanz**. Egal, welche *narrativen Muster* in welchem Maße der Emittent des Textes (hier der Autor) zu benutzen gedenkt, er kann dies nur tun, indem er sich der übergeordneten Sprachinstanz des *Erzählers* bedient. Mit diesem kann er explizit oder implizit seine Darstellungsstrategien umsetzen. Die *Darstellungsmuster* und ihr Wirken durch den *Erzähler* sind also die zwei zentralen Punkte der *Narrationstheorie*. Betrachten wir nun zunächst die *Erzählerinstanz*.

3.2 Erzählerinstanz

Der *Erzähler* eines Textes ist nicht gleichzusetzen mit dem Autor. Der Autor erschafft den *Erzähler*, doch nur bezüglich Autobiografien dürfen wir wagen zu behaupten, es bestünde eine „Identität zwischen dem Autor, dem Erzähler und dem Protagonisten"[42]. Alle Darstellungen in literarischen Texten erfolgen durch den *Erzähler*. Viele

---

39 Luginbühl, Martin/Schwab, Kathrine/Burger, Harald: Geschichten über Fremde. S. 14.
40 Weitgehend anerkannt sind dabei die Grundlagenforschungen von: Franz Stanzel (1995) und Gérard Genette (1998).
41 Vgl. Luginbühl, Martin/Schwab, Kathrine/Burger, Harald: Geschichten über Fremde. S. 159
42 Lejeune, Philippe: Der autobiografische Pakt. Suhrkamp Verlag. Frankfurt am Main 1994. S. 15.

Literaturwissenschaftler arbeiten mit der berühmten Typologie von Franz Stanzel. In jeder literaturwissenschaftlichen Arbeit wird dies zugrunde gelegt:

Abbildung 2: Typologie der Erzählsituationen nach Stanzel

Es gibt den **auktorialen Erzähler**, der eine Außenperspektive einnimmt und somit das Geschehen überblickt. Die *auktoriale* Erzählsituation verleiht dem *Erzähler* eine Sonderstellung, sodass er über das Erzählte reflektieren kann und ebenso die Möglichkeit besitzt, sich direkt an den Leser zu wenden. Bei Genette nennt sich diese Instanz der **heterodiegetische Erzähler**.[43] Er gehört nicht der Welt der Figuren an und besitzt damit den Blickwinkel eines Außenstehenden. Der *heterodiegetische Erzähler* besitzt Informationen, die über das Wissen der Figuren hinausgehen, doch durch seine Außenperspektive kann er nichts über die Gedanken der Figuren preisgeben. Diese Distanz kann für den Spannungsbogen einer Geschichte essenziell sein.

Der *Erzähler*, der auf einer Wissensstufe mit den Figuren verbleibt, ist der **personale Erzähler**, bei Genette der **homodiegetische Erzähler**.[44] Er besitzt keine Außenperspektive, sondern hat eine Mitsicht aus der Perspektive einer Figur heraus. Er kennt also die subjektive Vorstellungswelt einer Figur, ohne allwissend über den Gesamtplot sprechen zu können. Er ist kein *Ich-Erzähler*, sondern ein **Reflektor**, denn mittels des personalen *Erzählers* „blickt der Leser mit den Augen dieser Reflektorfigur auf die anderen Charaktere der Erzählung".[45]

---

43 Vgl. dazu: Genette, Gérard: Die Erzählung. Aus dem Französischen von Andreas Knop. Mit einem Nachwort herausgegeben von Jochen Vogt. Fink-Verlag. München 1998. S.175.
44 Vgl. dazu: Ebd.. S.175.
45 Stanzel, Franz K. Theorie des Erzählens. Vandenhoeck & Ruprecht. Göttingen 1995. S. 16.

Auch der **Ich-Erzähler** besitzt eine Innenansicht, wobei eine Figur der Geschichte aus ihrer Wahrnehmungsperspektive und ihrem Figurenwissen heraus durch die Handlung führt. Er gehört also anders als die zuvor genannten *Erzähler*typen direkt der Welt der Charaktere an und ist selbst in den Plot verwickelt. Die Erzähltheorie kann auf Subebenen noch weitere *Erzählerinstanzen* differenzieren, doch soll uns das bisher Erläuterte als linguistisches Werkzeug genügen. In jedem Fall gilt: Ohne *Erzähler* würden grundlegende Textbedingungen wie die Deixis bei Sätzen mit Ich-Konstruktionen nicht funktionieren, wenn man den Sprecher und die Situation nicht in den Kontext einbinden kann. Zudem ist der *Erzähler* meist auch ein Interpret. Er hat

> die Funktion, zu erzählen (im textlinguistischen Sinne), d.h. eine Dramaturgie zu verfolgen, unterhaltend zu sprechen, Wertungen zu vollziehen.[46]

Durch sein Eingreifen schafft der *Erzähler* nicht nur die Grundlage des Textkorpus, sondern er erfüllt die zentralen Aufgaben, wie Genette sie zusammenfasst:[47] Der *Erzähler* vollführt eine „Regiefunktion", stellt den Rahmen her, ordnet die Akteure und Handlungen in eine Raum-Zeit-Linie ein, gibt Beschreibungen von Gedanken oder dirigiert zumindest, wann und wie eine Figur selbst zu Wort kommt. Man kann sich darauf einigen, dass es einen festen Erzählrahmen gibt, den der *Erzähler* erschließt. Welche *narrativen Muster* kann er nun einsetzen?

3.3 Narrative Muster

Die *Narrationstheorie* beschreibt zum einen den **Faktor Zeit**, wobei zwischen der **erzählten Zeit** in der Geschichte und der **Erzählzeit** unterschieden wird. Es gibt zum einen die *erzählte Zeit*: sie beschreibt, wie viel Zeit in der Geschichte selbst vergangen ist und zum anderen die *Erzählzeit*, die nicht in der Welt der Geschichte besteht, sondern der Außenwelt angehört. Sie fragt nach der Zeit, die man für das Lesen selbst benötigt. Erstere dagegen umfasst den Zeitraum, über den sich die Handlung erstreckt. Erzählungen, in denen die *erzählte Zeit* gleich der *Erzählzeit* ist, sind die Ausnahme. Beide Zeiten können sich zwar decken, dies ist aber meist nur bei szenischen

---
46 Burger, Harald: Mediensprache. S. 292.
47 Vgl. dazu: Genette, Gérard: Die Erzählung. S.183 f..

Darstellungen oder der direkten Figurenrede der Fall. Viel häufiger ist es, dass **Dehnungen** oder **Raffungen** vorliegen. Wird etwas besonders hervorgehoben, werden Gedanken beschrieben oder Wertungen des *Erzählers* abgegeben, so ist die *Erzählzeit* länger als die *erzählte Zeit*. Vergehen innerhalb eines Romans mehrere Jahre, liegt *zeitraffendes Erzählen* vor, da die *Erzählzeit* selbstverständlich kürzer als die *erzählte Zeit* ist. Der *Faktor Zeit* fragt außerdem nach der **zeitlichen Reihenfolge** des Erzählens. Eine lineares Erzählen erlebt man in der Realität eher selten. Immer wieder gibt es Einschübe, Zeitsprünge, oder Rückblenden. Bei einer solchen „Umstellung der chronischen Ordnung einer Ereignisfolge" spricht man von einer narrativen Anachronie.[48] Diese kann als Rückwendung (**Analepse**) oder Vorausdeutung (**Prolepse**) auftreten. *Analepsen* liefern dabei meist Hinter-grundinformationen zu einer gegenwärtigen Situation. Diese Rückwendungen können bewirken, dass ein bisher unverständliches Geschehen aufgelöst wird. *Prolepsen* dagegen machen den Leser zum „Mitwisser der Zukunft",[49] indem inhaltlich vorgegriffen wird. *Prolepsen* können von einem Autor natürlich auch so eingesetzt werden, dass die Zukunft nur angedeutet wird, aber doch im Ungewissen bleibt, etwa indem Träume von Figuren geschildert oder Prophezeiungen gemacht werden. Ein dritter Aspekt des *Faktors Zeit* ist die Frage nach der **zeitlichen Frequenz**. Wie oft wird eine Aussage oder Handlung wiederholt? Bei einem **singulativen Erzählen** wird nur einmal erzählt, was sich einmal zugetragen hat. Um die Wirkung auf den Leser zu verstärken, kann der Autor zum Mittel der **repetitiven Erzählung** greifen und wiederholt erzählen, was sich einmal ereignet hat. Natürlich kann man auch nur einmal erzählen, was sich wiederholt ereignet hat, dann spricht man von einer **iterativen Erzählung**.

Neben dem Betrachten der Zeitlinie muss man auch den **Erzählmodus** definieren. Er besagt, wie groß die **Distanz** zwischen Rezipient und Text ist und aus welcher **Sicht** die Geschichte präsentiert wird. Die *Distanz* ergibt sich aus den Figurenreden. In der Dramatik gibt es nur szenische Darstellungen, wodurch ein unmittelbares Erzählen erlebt wird. Daher spricht man dort auch vom **dramatischen Modus**. Die Zwischenebene des *Erzählers* fällt weg und die Figurenreden werden ungefiltert wiedergegeben. Es gibt nicht einmal verba dicendi. Verba dicendi findet man, sobald es einen *Erzähler* gibt. In der Epik kann die Unmittelbarkeit des *dramatischen Modus* so

---

48 Martinez, Matias/Scheffel, Michael: Einführung in die Erzähltheorie. S. 33.
49 Ebd.. S. 37.

geschwächt oder ganz ausgelöscht werden. Daher spricht man dort vom **narrativen Modus** mit *Distanz*. Es treten nicht nur verba dicendi ans Ende oder an den Beginn einer Figurenrede, es werden auch Aussagen gerafft und der sprachliche Akt selbst wird nicht mehr gezeigt. Die Frage, aus welcher *Sicht* erzählt wird, interessiert sich nun für die **Fokalisierung**, also den „Standpunkt von dem aus das Erzählte vermittelt wird".[50] Dabei geht es direkt um die *Instanz des Erzählers*. Die *auktoriale Instanz* besitzt eine sogenannte **Nullfokalisierung**, da sie außerhalb der Handlung steht und die Wahrnehmungsmöglichkeiten der Figuren selbst deutlich überschritten hat. Eine **interne Fokalisierung** besitzen sowohl der *personale Erzähler*, als auch der *Ich-Erzähler*. Sie befinden sich auf einer Ebene mit allen Figuren und haben eine Mitsicht auf die Ereignisse. Diese kann eine fixierte Sicht vom Standpunkt einer Person aus sein oder im Rahmen der fortlaufenden Handlung vom Standpunkt mehrerer Figuren aus erzählt werden. In der Spezialform der multiplen *Sicht* kann auch dasselbe Geschehen aus mehreren Personenperspektiven berichtet werden. Literatur-wissenschaftler kennen auch die **externe Fokalisierung**, die dann auftritt, wenn der Erzähler weniger sagt, als seine Figuren selbst wissen. Bei Fitzek wird uns dieser Punkt noch ganz besonders beschäftigen.

Schließlich wird in der *Narrationstheorie* der **Faktor Stimme** thematisiert, bei dem es um den **Zeitpunkt** und die **Ebene des Erzählens** geht. Der *Zeitpunkt* des Erzählens kann durchaus unterschiedlich gewählt sein. Man kennt das frühe, das **prophetische Erzählen**, wie etwa im Satz:

> Du wirst Deine Tochter nie wiedersehen.,

oder auch das **gleichzeitige Erzählen**, wo eine „nahezu völlständige zeitliche Koinzidenz von Erzähltem und Erzählen"[51] besteht. Der Regelfall ist das **späte Erzählen**, in dem das epische Präteritum genutzt wird. Ebenso unterschiedlich kann die *Ebene des Erzählens* sein. Der Erzähler kann als klassischer Rahmenerzähler auftreten, dann spricht man von der **extradiegetischen Ebene**. Ein Erzähler kann jedoch auch ein Binnenerzähler sein, dann existiert eine **intradiegetische Ebene**. Er ist in diesem Moment eine textinterne Figur, die selbst eine Geschichte erzählt. Dies kann

---
50 Ebd.. S. 63.
51 Ebd.. S. 70.

man theoretisch bis zum Ende der Vorstellungskraft weiterführen. Ein **metadiegetischer Erzähler** wäre demnach eine Figur innerhalb der Binnenerzählung der sprechenden Figur. Ein Roman kann etwa von einer Figur erzählen (*extradiegetisch*), die ihrem Kind eine Gute-Nach-Geschichte vorliest (*intradiegetisch*), in welcher eine Märchenfigur von einem Ereignis berichtet (*metadiegetisch*).

Bisher ausgegliedert habe ich bei der Wirkung von Texten den Erzählstil des Autors. Die **Stilistik** ist nicht nur eines der *narrativen Muster*, sondern sie ist essenziell für die narrative Wirkung. Die *linguistische Stilistik* hat sich ähnlich der *Textlinguistik* als eigenständige Disziplin etabliert. Der Stilanalyse als Aufgabengebiet der Linguistik widmen wir uns im Folgenden ausführlich.

4. Das Spiel mit dem Stil – Was soll Stil eigentlich sein?

4.1 Allgemeine Ausführungen

Die *linguistische Stilistik* sieht sich mit dem Problem konfrontiert, dass der Begriff „Stil" schwer zu definieren ist. Viele Versuche, auch von sprachwissenschaftlicher Seite, bleiben vage oder im besten Falle mehrdeutig.

Ich möchte hier an erster Stelle festhalten, dass ich einen anwendungs-orientierten Stilistikbegriff definieren möchte. Wir beschäftigen uns daher mit dem Stil natürlicher Sprachen. Die Beschreibung stilistischer Elemente dient nur dem Zweck, ihre Verwendbarkeit zu erkennen und diese aufzuzeigen (siehe Praxisteil B). Stiltheorien werden daher hier nur gestreift, um den Begriff als solchen zu erläutern.

Die Stilforschung muss, unabhängig von ihrer Ausrichtung, beim Abstecken ihres Forschungsgebietes bis zu den Wurzeln zurückgehen. Das griechische Wort στύλος entspricht zunächst im wörtliche Sinne dem deutschen „Griffel" und meint, mit welchem Werkzeug eine Schrift verfasst wurde. Danach wandelte sich der Beriff hin zu einer übertragenen Bedeutung.

> Stil in seiner ersten übertragenen Bedeutung meinte [...] einfach die (mit dem *stilus* beschriebene) Sprachäußerung.[52]

Inzwischen gibt es mehr als nur den Stil der Sprache, doch beschränken wir uns in dieser Arbeit selbstverständlich auf die linguistische Sichtweise des Wortes. Stil aus sprachwissenschaftlicher Sicht ist dabei auch „nicht eingeschränkt auf den Bereich der Sprach*kunst*, also der Dichtung" [sic!],[53] sondern wir begegnen im Gegenteil Stil in jeder Sprachäußerung. Sobald man eine Sprachäußerung beschreibt, beschreibt man im Grunde ihren Stil. Den Stil einer Äußerung zu sehen, bedeutet jedoch für die meisten Menschen, irrtümlicherweise ein Abweichen von der Norm festzustellen. Im Alltag erkennen wir nach dieser Auffassung Sprachstil nur dann, wenn er sich deutlich vom gewöhnlichen Sprachgebrauch unterscheidet. Diese veraltete „Stilschule" bezeichnet man als **deviatorische Stiltheorie**. Sie hebt

---

[52] Göttert, Karl-Heinz/ Jungen, Oliver: Einführung in die Stilistik. Wilhelm Fink Verlag. München 2004. S. 15.
[53] Seiffert, Helmut: Stil heute. Eine Einführung in die Stilistik. Beck-Verlag. München 1977. S. 19.

nur die Normabweichung als stilistisch markierte Elemente hervor und sieht somit im Stil eine mit Normabweichungen durchsetzte charakteristische Ausdrucksweise.[54]

Diese Ansicht lehne ich ab, denn es existiert das Problem, dass auch viele Linguisten noch immer davon ausgehen, es gebe eine starre Sprachnorm. In der Antike glaubte man noch, dass es soetwas wie „hohen, mittleren und niederen Stil" gebe.[55] Was in der Antike wichtig war, kann man im 21. Jahrhundert höchstens noch im Bereich der journalistischen *Stilistik* als Messkriterium anlegen. Tatsache ist:

> es hat nie ein abgeschlossenes System der Stilistik gegeben. Aber richtig ist auch: Man hat sich über zwei Jahrtausende hinweg in erstaunlichem Maße am eine gleichartige Terminologie und auch an eine gleichartige Systematisierung des Problems gehalten […].[56]

Es gibt in der Sprachpraxis ohne jeden Zweifel gewisse stilistische Grundanforderungen, wie etwa den Wunsch nach grammatikalischer Korrektheit beziehungsweise einem gewissen Maß an Klarheit (hier finden wir auch das *Textualitätskriterium* der *Informativität* wieder). Im Bereich der ästhetischen Texte kommt noch das Bedürfnis nach Unterhaltung hinzu. Es gibt in dem Sinne aber keine Stilfehler, sondern lediglich eine nicht-eingetroffene Stilerwartung vonseiten des Rezipienten. Dies veranlasst ihn, eine negative Stilwertung abzugeben. *Stilistik* soll uns jedoch keineswegs vorschreiben,

> wie wir schreiben und sprechen *sollen.* [Er glaubt,] sie macht uns *Vorschriften*, sie stellt *Normen* auf, sie ist 'normativ'. [sic!][57]

Die bewusste oder unbewusste Wahl von Stilmitteln bewirkt lediglich, dass der Sprecher/Schreiber von seinem Sprachumfeld aufgrund seiner Ausdruckswahl bewertet wird, jeweils auf Basis dessen, was seine Rezipienten jeweils als Norm ansehen. Diese *deviatorische Stiltheorie* wird gern von jenen vertreten, die Stil statistisch erheben und ihn so als Abweichung wissenschaftlich sichtbar machen wollen. Ich sehe dabei das Problem, dass die Methode zwar durch anerkannte Erhebungsverfahren

---

54 Sowinski, Bernhard: Stilistik. Stiltheorien und Stilanalysen. Metzlersche Verlagsbuchhandlung. Stuttgart 1999. S. 54.
55 Göttert, Karl-Heinz/ Jungen, Oliver: Einführung in die Stilistik. S. 151.
56 Ebd.. S. 152 f..
57 Seiffert, Helmut: Stil heute. S. 30.

wissenschaftlich verifizierbar ist, jedoch dabei noch keineswegs die Basis dieser Stiltheorie.

> Die Hauptschwierigkeit einer solchen Definition [von Stil] besteht in der kaum bestimmbaren Universalität der angenommenen Normen,[58]

falls diese Normen denn überhaupt allgemeingültig existieren, was ich ebenfalls anzweifle. Weder der Begriff der „Norm" noch der Begriff der „Abweichung" konnten bis jetzt in der *deviatorischen Stiltheorie* befriedigend definiert werden. Der Theorie fehlt daher meiner Meinung nach die wissenschaftliche Basis.[59] Ich leugne natürlich nicht, dass es gewisse Sprachelemente gibt, die konventionell dominieren, dennoch hat der Sprachbenutzer nach Situation, Wortschatz und individuellem Charakter sehr wohl eine stilistische Wahlmöglichkeit. Die Wahrheit ist, dass tatsächlich alles Stil ist. Zudem muss man bedenken, dass jeder Rezipient eine andere Definition von Sprachnorm hat und Stilmittel dort sieht, wo ein andere keine entdeckt hätte. Der Stil ist die Wirkungsweise eines Textes und dieser wirkt individuell. Als Linguisten können wir alle Stilmittel beschreiben, durch die sich der Stil entfaltet. Ich persönliche favorisiere daher einen Stilbegriff, wie ihn Sandig benutzt:

> Stilitisch werden solche Elemente eines Textes genannt, zu denen es im Sprachsystem (Langue) stilitische Alternativen gibt.[60]

In diesem Fall muss man davon ausgehen, dass der Emittent zwischen Ausdrucksoptionen gewählt und sich (bewusst oder unbewusst) für eine Variante entschieden hat. Dies gilt sowohl für die Wortebene, als auch für einzelne Sätze oder ganze Satzgefüge. Diese sogenannte **selektive Stiltheorie** besagt, dass wir

> die Wahl [zwischen] fakultativer synonymer oder teilsynonymer Ausdrucks-möglichkeiten im Wechsel mit nichtsynonymen Elementen [besitzen].[61]

---

58 Graubner, Hans: Stilistik. In: Arnold, Heinz Ludwig/Sinemus, Volker: Grundzüge der Literatur- und Sprachwissenschaft. Band I. Deutscher Taschenbuchverlag. München 1973. S.177.
59 An diesem Punkt sei auf Spillner verwiesen, der in seiner Abhandlung *Linguistik und Literaturwissenschaft. Stilforschung, Rhetorik, Textlinguistik* (1974) sieben Thesen gegen die deviatorische Stiltheorie entwickelt.
60 Sandig, Barbara: Stilistik. Sprachpragmatische Grundlegung der Stilbeschreibung. Walter de Gruyter Verlag. Berlin 1978. S. 49.
61 Sowinski, Bernhard: Stilistik. Stiltheorien und Stilanalysen. S. 54.

Wichtig ist es hierbei, das Augenmerk auf den Begriff „teilsynonym" zu legen. „Dasselbe anders zu sagen", also aus Alternativen zu wählen, ist nämlich keine ausreichende Definition des Stilbegriffs. Auch wenn die Kernaussage bei Sprachvariationen gleich bleibt, so kann allein durch die stilistischen Mittel eine andere Wirkung und damit teilweise eine andere Semantik erzielt werden. Wir sprechen hier auch von verschiedenen **Konnotationen**.

> Man kann die gleiche 'sprachliche Basishandlung' konstant halten, aber variieren im Grad der Autorität, Inständigkeit, Höflichkeit usw., wie in Bitte vs. Befehl, dringende/höfliche Bitte usw. […].[62]

Es ergibt einen bedeutenden Unterschied, ob ich sage:

> Das Katzenvieh sitzt auf dem Tisch.,

oder

> Der Schmusekater sitzt auf dem Tisch.,

oder

> Die Katze sitzt auf dem Tisch..

In allen Fällen wird zwar ausgedrückt, dass sich ein Säugetier der Gattung Katze auf dem Objekt Tisch befindet, im ersten Fall wird das Tier aber deutlich abgewertet und Missfallen über den Zustand des Sitzens ausgedrückt. Im zweiten Satz wird das Tier mit dem positiven Attribut des Schmusens verbunden und aufgewertet, während im dritten Satz eine neutrale Aussage getroffen wird, die weder die positiven noch die negativen Charakteristika des Tieres zum Ausdruck bringt. Die Bedeutung eines Wortes hat also neben der begrifflichen Bedeutung (**Denotation** genannt) auch immer eine *Konnotation*, durch die eine zusätzliche Bedeutungsnuance mitgeliefert wird.[63] Stil kann auf diesem Wege auch implizite Botschaften transportieren, die nicht direkt verbal geäußert werden, sondern in einem negativ oder positiv konnotierten Begriff verschlüsselt sind.[64]

---

62 Dijk, Teun Adrianus van: Textwissenschaft. S. 101.
63 Vgl. dazu: Graubner, Hans: Stilistik. In: Arnold, Heinz Ludwig/Sinemus, Volker: Grundzüge der Literatur- und Sprachwissenschaft. S.167.
64 Verwiesen sei hier auf die *pragmatische Stilistik*, die, wie etwa bei Sandig, sich explizit mit der Auffassung beschäftigt, dass auch teilsynonyme Worte verschiedene Wirkungen erzielen können und vom Autor oft gezielt bewirken sollen.

Die *linguistische Stilistik* ist zudem im Laufe ihrer Geschichte in zwei große Lager zerfallen. Die einen glauben an Stilmuster, die ähnlich wie *Textsorten* existieren. Anders ausgedrückt: Ihnen zufolge sei es möglich, **Gruppenstile** zu definieren und einzelne Texte diesen Gruppen zuzuordnen. Andere Linguisten glauben an eine **Individualstilistik**, die jedem Emittenten das Recht einräumt, eine komplett eigene Form der Sprachäußerung zu besitzen. Die *Gruppenstilistik* kann Texte in Typen wie Alltagsrede oder Belletristik unterteilen. Der Linguist untersucht das Textkorpus, bestimmt vorkommende Stilelemente und er ordnet den Text aufgrund der gefundenen Elemente einer Gruppe zu. Es gibt eine große Zahl von *Gruppenstilen*, die sich durch distinktive Merkmale auszeichnen. Das Problem an einer solchen stilistischen Analyse sehe ich in der Aussagekraft. In der Realität wird kaum ein Text existieren, der den theoretischen Merkmalen zu einhundert Prozent entspricht. Die Regel werden daher eher Mischformen bilden, die also Merkmale verschiedener Gruppen besitzen. Der didaktische Aussagewert ist somit eher gering. Bei *Individualstilen* geht man dagegen von vorherein davon aus, dass jeder Emittent seinen eigenen Stil besitzt, den es zu analysieren gilt. Die Anwendung von stilistischen Werkzeugen und die Erkenntnisgewinnung dominieren hier ganz klar. Doch es können durchaus beide Betrachtungsweisen einer Analyse zugrunde gelegt werden. Den theoretischen Gesamthintergrund zu beiden Sichtweisen möchte ich an dieser Stelle nicht geben, da dies eine didaktisch orientierte Arbeit ist. Für weitergehende theoretische Studien zu Fragen der Stilforschung und ihrer zum Teil weit auseinander gehenden Theoriemodelle verweise ich daher auf Sowinski[65] oder Göttert und Jungen[66]. Ferner muss bei den allgemeinen Ausführungen erwähnt werden, dass *Stilistik* und *Textlinguistik* häufig miteinander verbunden werden.

> Eine textlinguistische Relevanz der *Stilistik* ist in jedem Falle durch die Beschäftigung mit dem gleichen Gegenstand, dem Text und seinen Konstituenten, gegeben. Dabei kann die wichtigste Aufgabe der Textlinguistik in der Erfassung genereller regelhafter Zusammenhänge der Textkonstitution gesehen werden, die Hauptaufgabe der Stilistik dagegen in der Untersuchung, d.h. Ermittlung, Klärung, und ggf. Interpretation, der Wahl bestimmter Textkonstituenten und ihrer variierenden Einzelelemente, zumeist in individuellen und funktionalen Texten.[67]

---

65 Sowinski, Bernhard: Stilistik. Stiltheorien und Stilanalysen. S. 17 ff..
66 Göttert, Karl-Heinz/ Jungen, Oliver: Einführung in die Stilistik. S. 51 ff..
67 Sowinski, Bernhard: Textlinguistik. Eine Einführung. S. 122.

Halten wir also fest: Kapitel vier über die *Stilistik* schlägt einen Bogen zu Kapitel zwei über die *Textlinguistik*. Beide Forschungspunkte sind zwar nicht interdependent, arbeiten aber ergänzend zusammen. Die *Stilistik* kann die Elemente der Texte betrachten und die Wahl eines konkreten Ausdrucks nicht nur benennen, sondern auch dessen Wirkung ermitteln. Dies gilt sowohl auf der Wort-, als auch auf der Satzebene.

Makrostilistik, also die Arbeit oberhalb der Wort-, und Satzebene , bezieht ihr Basiswissen zum Beispiel über *Textfunktionen* aus der *Textlinguistik*. Auch die Betrachtung von *Kohärenz*strukturen, wie ich sie bei der *Analyse der Textstruktur* als erstes Gebiet der *Textlinguistik* genannt habe, ist für die *Stilistik* äußerst fruchtbar. Wiederaufgenommene Referenzen durch variierende Sprachäußerungen können Rückschlüsse auf implizierte *Konnotationen*, oder Stilfärbungen zulassen. Da Stil in der *Narrationstheorie* ebenfalls als *narratives Muster* betrachtet wird, lässt sich auch hier ein Bogen schlagen.

Nach diesen allgemeinen Ausführungen, die einen groben Überblick über den Stilbegriff geben sollten, können wir uns nun den konkreten stilistischen Elementen zur Analyse eines Korpus widmen. Wir beginnen dabei mit den sogenannten **mikrostilistischen** Elementen.

4.2 Mikrostilistische Elemente

Ältere Ansichten zur *Stilistik*, wie etwa bei Körner, stellen diese als „epitheton ornas",[68] als schmückendes Beiwort hin. Hier wird Stil also als eine Art der Addition, als ein Hinzufügen von im Grunde Überflüssigem, gesehen. Der Emittent fügt dem semantischen Wert „Schmuck" hinzu, der ebenso gut hätte weggelassen werden können. Dies ist jedoch eine sehr einseitige und inzwischen obsolete Betrachtungsweise. Auch einzelne „Beiworte" tragen eine Bedeutung, wecken soziale und emotionale Resonanz im Rezipienten und besitzen daher eine nachweisbare Funktion. Die *Mikrostilistik* befasst sich mit der Stilintention bei der Verwendung dieser „Gar-nicht-nur"-Beiwörter. Sie bezieht dabei auch die Stilwirkung mit ein, die

---

68 Körner, Josef: Einführung in die Poetik. Verlag G. Schulte-Bulmke. Frankfurt am Main 1968. S. 9.

sich für den gesamten Satz ergibt. Daher untersuchen wir nun im Rahmen der *Mikrostilistik* die Stilmittel der Wort- und Satzebene.

4.2.1 Stilmittel der Wortebene

4.2.1.1 Die Wortarten

Bereits Wortarten an sich können ein Stilmittel sein, indem man betrachtet, wie genau der Emittent sie in einem Textkorpus einsetzt. Betrachten wir kurz die stilistischen Möglichkeiten von **Substantiven, Adjektiven** und **Verben**.[69]
Substantive können außersprachliche Gegebenheiten wie Objekte, Gedanken und Sachverhalte „für sprachliche Aussagen mit Hilfe der Kategorien des Numerus, des Genus und der Kasusbildung verfügbar" machen.[70] Häuft sich die Verwendung der *Substantive* in einem Text, wird gern vom *Nominalstil* gesprochen. Ein Kontrastprogramm dazu wäre der *Verbalstil*, indem *Verben* gehäuft verwendet werden. So viele semantische Botschaften ein *Verb* transportieren kann, so reich kann seine stilistische Wirkung sein. Besonders bedeutend wird ein *Verb*, wenn es *performativ* ist, also eine aktive Sprechhandlung erbringt. Auch die Tempusformen können entscheidende Stilmittel sein. Die Stilwirkung muss hier im konkreten Einzelfall analysiert werden. *Adjektive* dagegen dienen zur näheren Beschreibung ihrer Bezugsworte (die häufig *Substantive* sind). In deklinierter Form haben die meisten *Adjektive* dann einen Attributcharakter. Natürlich geht es bei *Adjektiven* aber auch um ihre Komparationsfunktion. Die Steigerung eines *Adjektivs* beeinflusst sehr stark die stilistische Wirkung des Bezugswortes; entweder als positive oder als negative Verstärkung. Diese drei Basiswortarten sind essenziell für die Satzbildung; allerdings können auch weitere Wortarten Stilmittel sein. *Direkte* und *indirekte Artikel* können, wie schon im Theorieteil zur *Textlinguistik* erklärt, durchaus unterschiedliche Wirkung entfalten. Der direkte Artikel wird immer personalisierter wirken und das Nomen, auf das er sich bezieht, stärker hervor heben.
Ob uns ein Wort – unabängig von der Wortart – stilistisch auffällt, kann auch mit seiner grundlegenden Verwendungshäufigkeit zusammenhängen. Obwohl das Deutsche

---
69 Vgl. dazu: Sowinski, Bernhard: Stilistik. Stiltheorien und Stilanalysen. S. 108 ff..
70 Ebd.. S. 108.

mehrere Hunderttausend Wörter umfaßt, verfügt ein sprachgewandter Erwachsener im aktiven Wortschatz (Wortgebrauch) nur über rund 6000 bis 10 000 Wörter (der passive Sprachgebrauch (Wortverstehen) ist je nach Bildungsgrad wesentlich höher). [sic!][71]

Stoßen wir in einem Text also auf ein Wort, das sich nicht in unserem aktiven Wortschatz befindet, fällt es uns besonders auf. Häuft sich dieses Phänomen, werden wir dies als stilistisch markant ansehen. Im Gegensatz dazu scheint ein Textkorpus stilistisch „alltäglicher", wenn der aktive Wortschatz nicht verlassen wird. An dieser Stelle kommen wir auch in Berührung mit Neologismen und Anachronismen. Wortneubildungen gelten als weit-verbreitetes Stilmittel, wobei *Substantive* ebenso wie *Adjektive* Komposita bilden können. Einem Neologismus fällt, da er noch nicht oder nur kaum im aktiven Wortschatz verankert sein kann, selbstverständlich eine Sonderrolle zu; er erzeugt stilistische Aufmerksamkeit. Diese „*okkasionellen Neubildungen*"[72] können durch die Zusammensetzung bekannter Elemente neue Worte bilden, die sich entweder irgendwann verlieren oder dauerhaft in den Wortschatz integriert werden. Anachronismen haben ersteres Schicksal erlitten; sie finden sich kaum mehr im aktiven Wortschatz. Genau dies kann aber ihren stilistischen Reiz ausmachen, wenn man beispielsweise „darob" anstelle von „darüber" beziehungsweise „deswegen" sagt.

Grob systematisiert existieren fünf **Stilschichten**[73]. In der „Mitte" ist die normalsprachliche Ebene angesiedelt, „darüber" und „darunter" befinden sich je zwei weitere Schichten. Übergeordnet werden die gehobene und die dichterische Stilschicht und untergeordnet werden die saloppe Redensweise und die Vulgärsprache. Wir nehmen hier keine Stilwertungen vor, daher betrachte ich dieses System weniger als hierarchische Abstufung, sondern eher als ein Nebeneinander. Die Wahl der Stilschicht ist abhängig von *Textualitätskriterien* wie *Situationalität* und *Akzeptabilität*. Das bedeutet, dass ein vulgärer Ausdruck dann als Stilbruch empfunden wird, wenn er in einer *Textsorte* Anwendung findet, die maßgeblich einer anderen Stilschicht (etwa der wissenschaftlichen Arbeit) angehört. Ein modernes Gedicht zum Beispiel kann frei mit dieser Art des Stils spielen, ohne beim Rezipienten den Eindruck eines Stilbruchs zu erzeugen. In der Stilforschung wurde dafür auch der Begriff der „Angemessenheit"

71　Ebd.. S. 118.
72　Ebd.. S. 121.
73　Vgl. dazu: Ebd.. S. 123 f..

geprägt. Jede archaische und hierarchische Gesellschaft hat genaue Anforderungen an die Sprache. Aber auch in der modernen westlichen Welt, die eine große Zahl an *Individualstilen* kennt und akzeptiert, gelten noch immer die *Textualitätskriterien*. Verlassen wir nun die Wortarten und betrachten wir konkrete Stilistika der Wortebene: die **Tropen**.

4.2.1.2 Die Tropen

Bereits aus dem Schulunterricht bekannt sind natürlich die **Metaphern**. Bevor dieser wichtige *Tropus* betrachtet wird, ein weiterer Gedanke zu den *Metaphern*: Aufgrund ihrer Funktion „von der Standardbedeutung eines Wortes" abzuweichen,[74] sind sie gerade von der *deviatorische Stiltheorie* besonders beachtetet worden, da sie eine Abweichung von der Alltagssprach-norm bedeuten. Wir dagegen sehen sie hier nur als ein Stilistika unter vielen anderen. Bei *Metaphern* handelt es sich, geht man vom Allgemeinwissen und dem Denken der Literaturwissenschaftler aus, um eine Form der „Ähnlichkeitsbeziehung"[75]. Egal, ob es um *Substantiv-* oder *Verb*metaphern geht: Lexeme werden zusammengeführt, die keine unmittelbare Ähnlichkeit besitzen, aber eine Symbiose auf der Bedeutungsebene eingehen. Meist wird dabei eine herausragende Eigenschaft des einen Lexems auf das andere übertragen. Bei

    Max ist ein Fuchs.

nimmt man die angenommene Eigenschaft der Listigkeit des Fuchses und stellt sie durch die Satzkonstruktion als Charaktereigenschaft des so beschriebenen Menschen heraus. Diese Definition von *Metapher* findet sich bereits in ihrem griechischem Wort μεταφορ, was in etwa „übertragen" oder „transportieren" meint. Diese Sichtweise der Ähnlichkeitsbeziehungen nennt man auch *Substitutionstheorie*, „die davon ausgeht, daß ein metaphorischer Ausdruck anstelle eines äquivalenten *wörtlichen* Ausdrucks gebraucht wird".[76] Es gibt dazu jedoch eine, hauptsächlich auf Black basierende,

---

74 Kolmer, Lothar/Carmen Rob-Santer: Studienbuch Rhetorik. Schöningh-Verlag. Paderborn 2002. S. 125.
75 Göttert, Karl-Heinz/ Jungen, Oliver: Einführung in die Stilistik. S. 145.
76 Black, Max: Metaphor. aus dem Englischen übersetzt von Margit Smuda. In: Proceeding of Aristotelian Society 55. Ithaca Verlainteraktiong. New York 1962. S. 61.

Gegenposition, die sogenannte *Interaktionstheorie*[77]. Sein Forschungsansatz sieht in *Metaphern* keine Ersetzung, sondern das Zusammenspiel zweier Systeme. „Max" und „Fuchs" können oberflächlich betrachtet nicht gleichgesetzt werden, also müssen übertragene Interaktionspunkte beider Systeme gefunden werden. Wir setzen die Systeme also in Relation zueinander und übertragen das gemeinte und anerkannte Fuchsmerkmal auf die Person Max. Der Satz, der zuvor der Logik widersprach (der Mensch Max kann nich das Tier Fuchs sein), erhält so einen semantischen – und logisch anerkennbaren – Sinn. So erfolgt eine Charakterisierung durch eine *Metapher*, was diesen *Tropus* zu mehr als bloßem Wortschmuck, sondern zu einer semantisch-stilistischen Sprachleistung macht. Da aber zwischen

> dem Ersatzausdruck (-bild) und dem zu ersetzenden Ausdruck(-bild) keine Beziehung einer semantischen Begriffsverschiebung, oder -nähe, also keine *Kontiguitätsbeziehung*, besteht, [sic!][78]

spricht man hier von einem **Sprungtropus**. Welche anderen *Sprungtropen* gibt es? Wichtig ist die **Allegorie**. Hier erfolgt eine „gestalthafte Verbildlichung abstrakter Vorstellungen"[79] wie beispielsweise Hoffnung oder Gerechtigkeit.

> Einige Allegorisierungen sind volkstümlich geworden (z.B. der Frühling als Jüngling der Tod als Sensenmann, die Gerechtigkeit als Frau mit verbundenen Augen).[80]

Allegorien gehören zwar unumstritten zur *Stilistik* der Wortebene, wir werden jedoch im praktischen Teil sehen, dass sie nicht zwingend oder zumindest nicht ausschließlich auf dieser Ebene verwendet werden müssen.
Ebenfalls sehr bekannt sind **Personifizierungen** von unbelebten Dingen. Gegenständen oder auch Sachverhalten werden menschliche (oder zumindest das Leben voraussetzende) Eigenschaften wie „lachen, weinen, singen" etc. zugeschrieben.
Die zweite Gruppe neben den *Sprungtropen* ist die der **Grenzverschiebungs-tropen**. Dabei stammen die verwendeten Lexeme „aus einem semantisch benachbarten Bereich

---

77 Ebd.. S. 73.
78 Sowinski, Bernhard: Stilistik. Stiltheorien und Stilanalysen. S. 131.
79 Vgl dazu: Sowinski, Bernhard: Deutsche Stilistik. Beobachtungen zur Sprachverwendung und Sprachgestaltung im Deutschen. Fischer Taschenbuchverlag. Frankfurt am Main 1973. S. 310.
80 Ebd.. S. 310.

des zu ersetzendes Wortes".[81] Hierunter fallen folgende Stilmittel: **Synekdoche, Metonymie, Hyperbel** und **Untertreibung**, sowie **Synästhesie**.

Während *Metaphern* auf Ähnlichkeiten/Interaktionen beruhen, geht es bei *Synekdochen* um Nachbarschaftsbeziehungen von Lexemen. Beispielsweise können „Pars-pro-toto"-Ausdrücke Anwendung finden, wie im Satz

> Hier sitzen kluge Köpfe.

in dem die Köpfe als Teil des Menschen gemeint sind und diesen implizieren. Das Einzelne steht also für das Gesamte und ein implizierter „weiterer Begriff [wird] durch einen engeren bezeichnet".[82] Umgekehrt kann natürlich auch ein übergeordneter Sachverhalt das Kleinere miteinschließen (totum pro parte), wie im Satz

> Ganz Deutschland sieht Fußball..

Auch bei der *Metonymie* werden „Namensvertauschungen"[83] vorgenommen. Sowinsiki beschreit acht Formen dieser Wortsetzungen, die hier zusammen-gefasst dargestellt werden. Bekannt ist das Beispiel

> Er kennt den ganzen Goethe.,

wobei der Schriftsteller für sein Werk eingesetzt wird. Genau auf diese Weise können auch Personen („Cäsar") für die gesamte Sache („Cäsars Armee"), oder Materialen („Eisen") für Gegenstände („Dolch") eingesetzt werden. Wichtig für die metonymische Wirkung einer Aussage ist es, dass der Rezipient über das Wissen verfügt, die Sachverhalte in ihrem inhaltlichen Schnittpunkt zusammenzuführen. Ist zum Beispiel einem Kind der Name Goethe unbekannt, kann es die Aussage nicht verstehen.

Ein stilistisch besonders interessantes *Tropen*paar bilden *Hyperbel* und *Litotes*, ebenfalls *Grenzverschiebungstropen*. Bei Ersterer handelt es sich um eine übertreibende Äußerungen, die häufig emotionalen Subtext transportieren sollen. Früher besonders in volkstümlichen Erzählungen verwendet, kennen wir sie heute eher

---

81 Vgl. dazu: Sowinski, Bernhard: Stilistik. Stiltheorien und Stilanalysen. S. 128.
82 Sowinski, Bernhard: Deutsche Stilistik. S. 312.
83 Ebd.. S. 311.

aus Werbetexten („superschnell"). *Litotes* dagegen werden oft benutzt, wenn das Kriterium der *Situationalität* Höflichkeit verlangt. Besonders gern werden dabei Euphemismen wie „vollschlank" für neutral „dick" eingesetzt. Es kommt aber ebenso zur *Litotes*, wenn mit der Negation eines Ausdrucks gearbeitet wird:

> Er ist nicht klug.

für

> Er ist dumm.

Auch **Periphrasen**, also Umschreibungen, finden in einem solchen Kontext oft Verwendung. Hier wird etwas Anstößiges oder Vulgäres durch neutralere Begriffe umschrieben.

Sehr nachdrücklich beim Rezipienten wirkt zudem die *Synästhesie*. Hier werden Lexeme verbunden, die gleichzeitig zwei oder auch mehrere Sinneswahrnehmungen kombinieren. Bei

> Es roch schwarz.

wären zum Beispiel der Seh- sowie der Geruchssinn in einem scheinbaren Widerspruch verbunden.

Bevor wir nun die nächste Ebene betrachten, sei noch erwähnt, dass es eine weitere unter der Wortebene gibt. Auch typografische Entscheidungen eines Autors können die Stilwirkung des Korpus beeinflussen. Variations-möglichkeiten hat man dabei im sehr Computeralter sehr viele. Die grafische Gestaltung kann verschiedene Wirkungen erzielen, abhängig von Schriftart und -größe oder gewähler Bündigkeit (Blocksatz, recht- und linksbündig etc.). Auch die Verwendung von Kursiv- und Fettdruck hat in meisten Fällen eine stilistische Signalwirkung. Dasselbe gilt für die Interpunktion, die nicht nur syntaktische Funktion besitzt. Ein Setzen von drei Punkten („...") zur Andeutung einer semantischen Aussparung oder eines abgebrochenen Denkprozesseses ist dabei ebenso wichtig wie die Verwendung von Semikola, Gedankenstrichen, Kommata und Frage- bzw. Ausrufezeichen.

4.2.2 Stilmittel der Satzebene

4.2.2.1 Satzumfang, Satzbau und Wortstellung im Satz

Im Deutschen kann ein Emittent sehr viele Stile allein durch den Satzbau ausdrücken. Die stilistische Wirkung eines Satzes kann durch drei Faktoren verändert werden: **Satzumfang, Satzbau** und die konkrete **Wortstellung im Satz**. Diesen drei Faktoren vorangestellt ist die Erwartung einer „Korrektheit im sprachlichen Ausdruck".[84] Der syntaktisch korrekte Aufbau eines Satzes ist als Grundvoraussetzung wichtig, denn „schlechte Grammatik verdirbt den besten Stil."[85]

Beginnen wir mit dem *Satzumfang*. Die Satzlänge kann entscheidend dazu beitragen, ob ein Satz als profan, angemessen, oder zu komplex empfunden wird. Auch das ist Stil. Man unterscheidet klassischerweise drei Satzlängen.[86] Einfache Sätze beschränken sich auf ein Minimum an Satzgliedern. In der Regel findet man tatsächlich nur die syntaktisch notwendigen Satzglieder Subjekt und Prädikat und je nach dem informativen Gehalt einfache Objekte und adverbiale Bestimmungen. Mehr als fünf Satzglieder sind jedoch nicht vorhanden. Natürlich ist diese Satzform auch mehr an der mündlichen Kommunikation orientiert. Dieser einfache *Satzbau* ist einprägsam und kann in der Schriftsprache durch die Kürze der *Erzählzeit* Geschwindigkeit und damit Spannung aufbauen, wenn mehrere Kurzsätze aufeinander folgen. Die Wirkung ist so unvermittelt und nachdrücklich. Das Gegenteil, der lange Satz, reiht mehr als sieben Satzglieder aneinander, was zu Hypotaxen führt. So werden nicht nur viele Informationen gegeben, sondern es wird auch eine stilistische Wirkung erzielt: Lange Sätze fordern viel Konzentration und führen als Stilmittel schnell zum Eindruck eines stockenden und sich widersetzenden Schreibstils. Zwischen beide Satzlängen reiht sich ein mittlerer Satz mit maximal sieben Satzgliedern ein. Diese Länge hat sich als Standard bei Presse- und Gebrauchstexten etabliert, denn sie gibt „die jeweils notwendigen Informationen ohne größere Lücken und Brüche".[87] Ebenfalls stilwirksam ist der Aufbau der Satzgefüge bei mittleren und langen Sätzen. Die Anordnung der Konstituentensätze und ihre semantische Füllung beeinflusst die Lesewirkung. Nebensätze können ergänzende Informationen zum Matrixsatz tragen, wobei sich jeder

---
84 Göttert, Karl-Heinz/ Jungen, Oliver: Einführung in die Stilistik. S. 125.
85 Ebd.. S. 126.
86 Vgl. dazu: Sowinski, Bernhard: Stilistik. Stiltheorien und Stilanalysen. S. 90 ff..
87 Ebd.. S. 90.

Nebensatz auf den Hauptsatz beziehen kann, beziehungsweise jeder Nebensatz den jeweils vorangehenden Nebensatz näher bestimmt.

Hinsichtlich des *Satzbaus* kann der Emittent wählen, welche Form er wählen möchte. Bei kurzen Sätzen hat er automatisch einen parataktischen *Satzbaustil*, denn dabei dominiert eine Abfolge von Hauptsätzen. Andere Möglichkeiten besitzt er, wenn er längere Sätze konstruiert. Hier kann ein hypotaktischer Stil sehr unterschiedliche Formen annehmen. Wir beschränken uns hier auf die Beschreibung zweier Arten: a) der einfache erweiterte Satz und b) die Satzgefüge.[88] Der einfache erweiterte Satz besitzt die Satzglieder des kurzen Satzes und lässt den Satz durch weitere Angaben „anschwellen", indem Satzglieder aneinandergereiht werden. Dafür werden prädikative Aussagen, Objekte, Adverbien, Modalwörter und Partikel verwendet. Anders verhält es sich mit den Satzgefügen. Hier werden nicht nur Satzglieder aneinandergereit, sondern Konstrukte aus Haupt- und jeweils abhängigen Nebensätzen gebildet. Dies Wirkung beider Formen ist oft stark von den verwendeten Konjunktionen abhängig. Für den *Satzbau* gibt es vier Arten von Konjunktionen:

> nebenordnende Konjunktionen (und, oder), Satzteilkonjunktionen (wie, als), Infinitivkonjunktionen (um – zu) und Teilsatzkonjunktionen (weil, daß, ob)[89].

Diese Bindewörter können im Satz verschiedene Stilfunktionen übernehmen.[90] Sie können sachliche Informationen geben („und" „ferner", „darüber hinaus"), zeitliche („seit", „nachdem", „unterdessen"), oder örtliche Beziehungen („hier", „dort", „anderswo") aufzeigen. Ferner können Konjunktionen, wie „ähnlich", „besser", „schlechter", vergleichend oder hervorhebend wirken. Auch Gegensätze und Einschränkungen können allein durch Satzkonstruktionen mit Bindewörtern vermittelt werden: z.B. durch „aber", jedoch", „allerdings". Ihre fünfte Funktion ist die der kausalen und finalen Bestimmung. Kausalitäten können mit „deshalb", „damit", „ohne dass" und finale Bestimmungen mit „deshalb", „nun", „somit" bewirkt werden.

Die Wahl des *Satzbaus* stellt im Grunde auch die Frage nach der Wahl der Satzart, denn die grammatische Struktur muss sich der Satzform anpassen. Assertionssatz

---

88 Vgl dazu: Sowinski, Bernhard: Deutsche Stilistik. S. 93 ff..
89 Weischenberg, Siegfried: Nachrichtenschreiben. Journalisitische Praxis. Westdeutscher Verlag. Opladen 1988. S. 116.
90 Vgl. dazu: Eb.. S. 116.

(Aussagesätze) ist die Norm beim Erzählen und wird, so er denn sachlich wirken soll, auch als „Mitteilungssatz"[91] bezeichnet. Nicht immer besitzen Assertionssätze aber nur *Informationsfunktion*. Im Grunde können sie jede der in der *Textlinguistik* beschriebenen *Textfunktionen* einnehmen. Stilistisch besonders relevant sind sie natürlich, wenn sie mit emotionalisierenden Worten angereichert sind. Die Stilelemente finden sich dann jedoch auf der Wortebene. Exklamationssätze (Ausrufesätze) dagegen sind oft elliptisch und transportieren nur wenige Informationen, was daran liegt, dass es ihre Funktion ist, Appelle (Sonderform der Imperativsätze) und Emotionen zu transportieren. Syntaktisch auffällig ist, dass das finite *Verb* keine Zweitstellung wie im Aussagesatz hat, sondern die Erststellung einnimmt. Diese Satzart ist stark abhängigm Kriterium der *Situationalität* und bei der mündlichen Kommunikation natürlich auch von der Intonation. In Rahmen der Schriftlichkeit werden Emotionalität und Nachdruck ersatzweise durch das Satzzeichen ausgedrückt. Dem Assertionssatz entgegen steht der Interrogationssatz (Fragesatz). Auch hier gilt eine Erststellung des finiten *Verbs*, doch im

> Gegensatz zum Assertionssatz, der einen Sachverhalt als gegeben oder möglich berichtet, zeigt der Interrogationsatz die Offenheit einer Situation an und fordert zur Klärung in einer Antwort oder zumindest Suche danach auf.[92]

Nicht in jedem Fall muss dabei tatsächlich ein Wissensdefizit angezeigt werden, es kann sich auch um das Stellen von rhetorischen Fragen handeln. Stilistisch gesehen können Fragen immer ein Hauptelement zur Spannungs-erzeugung darstellen.
Bei einem Operativsatz (Wunschsatz) kann das *Verb* sowohl vorangestellt, als auch nachgestellt werden.

>   Wäre doch nur Freitag.

versus

>   Wenn doch nur Freitag wäre..

Punkt drei der Stilelemente des Satzes fragt nach der genauen *Wortstellung im Satz*. Im Deutschen besitzen wir

---

91   Sowinski, Bernhard: Deutsche Stilistik. S. 105.
92   Ebd.. S. 108 f..

gewisse Freiheiten in der Wortstellung, genauer in der Satzgliedfolge, die als stilistische Varianten zur Modifizierung bestimmter Ausdrucksabsichten genutzt werden können.[93]

Gerade im Deutschen ist die Umklammerung von Satzgliedern durch *Verb*formen stilistisch sehr ergiebig. Finite Verbformen können mit ihren dazugehörigen Ergänzungen mehrere Satzglieder umfassen und so einen syntaktischen Zusammenhang herstellten. Eine solche Klammer kann auch durch *Substantive* hergestellt werden. Dabei kommen Adjektivattribute zum Einsatz, die semantisch dem *Substantiv* zugeordnet sind. Man spricht dann von einer „nominalen Klammer"[94]. Der Emittent kann aber auch zu einer stilistischen Alternative zur Klammerung greifen: der **Ausklammerung**. Hierbei kann ein Satzglied „aus dem verbalen Satzrahmen des Hauptsatzes wie auch des Nebensatzes" einfach ausgegliedert und hinten angestellt werden.[95] Der ausgegliederte Teil kann dabei entweder als semantisch weniger wichtig oder gerade als bedeutend angesehen werden; dies ist vom Kontext abhängig. Eine Extremform dieser *Ausklammerung* nennt man **Isolierung**. Dabei kann ein semantisch zum Satzrahmen gehörendes Satzglied hinter das Satzzeichen verschoben werden. Ein simples Beispiel wäre:

Die Zeichnung ähnelte dem Toten stark. Bis ins letzte Detail.

Das Gegenprogramm zu den so konstruierten Satzgefügen bildet die Satzreduktion bei kurzen Sätzen. Klassisch bei dieser Verkürzung ist die *Ellipse*, sie ist jedoch nur eine der Satzabbruch-Möglichkeiten. In der Linguistik kennen wir drei Arten einer **Aposiopese**, d.h. eines vorzeitig beendeten Satzes. Der Abbruch kann situative Gründe haben, wie etwa eine emotionale Erregung oder Verlegenheit aufseiten des Emittenten. Er kann aber auch andeutend gemeint sein: Der Sprecher beendet den Satz nicht, das Umfeld ist aber durch Kontextwissen vollkommen in der Lage, das Unausgesprochene geistig zu ergänzen. Die dritte Form, die sogenannte apotropäische *Aposiopese*, basiert auf religiösen Vorstellungen und wird heute meist in sprichwörtlicher Art benutzt. Dabei wird ein Wort wie „Teufel" ausgelassen, oder Flüche werden nur angedeutet. In religiösen Denken soll dies Unheil, oder das Herbeirufen der Dämonen vermeiden.

---

93 Ebd.. S. 112.
94 Ebd.. S. 142.
95 Ebd.. S. 120.

Aposiopesen können also weitere semantische Elemente, wie etwa Subtexte, Emotionen oder Drohung mittransportieren. Ein weiteres Stilmittel der Satzebene sind die **Tempora**. Ob etwas als unmittelbar, zukünftig oder vergangen wahr-genommen wird, entscheidet in der Schriftsprache nicht zuletzt die Tempusform. Durch bewusste „Fehlverwendung" des *Tempus* kann ein Emittent ebenfalls stilistisch wirksam werden, wie beim Leitzitat dieser Arbeit – „Ich war tot." – noch beschrieben werden wird.

4.2.2.2 Rhetorische Figuren

Wenden wir uns nun den rhetorischen Möglichkeiten auf der Satzebene zu. **Stilistische bzw. rhetorische Figuren** werden in der Forschung in drei Formen zusammengefasst.[96] Es können Wörter wiederholt oder ausgelassen werden und es kann zu einer Umstellung der Satzglieder kommen. Betrachten wir dafür einige Beispiele, die in der Praxis häufig vorkommen.

Oft kommen Hinzufügungen in Form von Germinatio vor, sprich Wortwiederholungen zur Intensivierung des Gesagten. Diese Wirkung erzielen auch **Anaphora** und **Epiphora**, wo Wortgruppen am Anfang beziehungsweise am Ende des Satzes wiederholt werden. Ebenso wirksam sind konkrete Auslassungen wie im klassischen Fall der *Ellipse*. „Die Ellipse ist die Auslassung eines Zwischengliedes, weil man auf die Tragkraft der Bedeutungen der vorhandenen Glieder vertraut."[97] Das Auslassen bewirkt im Einzelfall entweder, dass die vorhandenen Ausdrücke besonders gewichtet erscheinen oder aber das nicht vorhandene Satzglied. Diese Figuren ordnen Worte oder ganze Satzglieder in auffallender Weise im Satz an. Zu dieser Gruppe zählt z.B. auch der **Parallelismus**. Mehrere Sätze stehen dabei hintereinander und weisen eine identische Anordnung ihrer Satzglieder auf. Zur Gruppe der *rhetorischen Figuren* der Umstellung zählen bekannte Mittel wie **Oxymoron** und **Chiasmus**. Während ein *Oxymoron* Wortkombinationen herstellt, die eine Antithese bilden (z.B. „kaltes Feuer"), stellt der *Chiasmus* eine Überkreuzung von semantisch antithetischen Worten dar („Wer viel läuft, kommt nicht voran."). Diese Figuren werden teilweise auch der Wortebene zugeordnet, da es konkrete Wörter sind, die die stilistische Wirkung

---

96 Vgl. dazu: Sowinski, Bernhard: Stilistik. Stiltheorien und Stilanalysen. S. 102 ff..
97 Seiffert, Helmut: Stil heute. S. 79.

erzielen. Die genaue Wirkung entfaltet sich jedoch tatsächlich erst im Satzkonstrukt. Die semantische Wirkung des Widerspruches von Begriffen geschieht, indem syntaktische Überkreuzungen stattfinden; das sich widersprechende Paar wird in eine enge syntaktisch Verbindung gesetzt.

Der Widerspruch muss sich natürlich nicht zwingend in einer solchen Satzgliedüberkreuzung darstellen. Oft werden *Adjektive* als substantivistische Beiworte genommen, wie z.B. in „lautes Schweigen". In diesem Sonderfall des *Oxymorons* spricht man auch von einer contradictio in adjecto.

Es gibt viele weitere Figuren (wie Zeugma, rhetorische Frage, Paronomasie), die ich hier ausspare.

Bevor damit das Kapitel zu den *mikrostilistischen* Möglichkeiten beendet ist, möchte ich an dieser Stelle kurz ein in der Forschung umstrittenes Thema anreißen: Es herrscht keine Einigkeit darüber, ob *Tropen* mit Stilfiguren vermischt werden dürfen. Ich habe mich hier für eine klare Trennung entschieden. Auch wenn beide Stilistika gern vermischt werden, sind meines Erachtens *Tropen* keine Stilfiguren. Wie wir gesehen haben, nutzen Figuren eher ungewöhnliche Sprachausdrücke, um eine Verstärkung zu erzielen. Sie ersetzten „den gewöhnlichen Ausdruck kunstvoll durch einen weniger gewöhnlichen".[98] *Tropen* dagegen nutzen ganz „alltägliche" Begriffe, diese jedoch nicht in ihrem herkömmlichen Gebrauchssinne, sondern in übertragener Bedeutung.

4.3 Makrostilistische Elemente – satzübergreifende Stilmittel

„Eine Fehlenwicklung früherer Stilistik [… war es,] sich bei der Stilanalyse in der rhetorischen Tradition […] nur auf Wort- und Satzvariationen [zu] beschränk[en]."[99] So kann kein umfassender Stil beschrieben, so können keine aussagekräftigen Erkenntnisse erbracht werden. Stilanalysen müssen ein gesamtes Textkorpus untersuchen, gegebene Stilbrüche beschreiben und also neben der *mikrostilistischen* Forschung auch eine *makrostilistische* Untersuchung beinhalten. Was verstehen wir unter einer makrostilistischen Analyse? Hierbei betrachten wir alle Elemente, „die oberhalb der Satzebene [die] Struktur eines Textes variierend beeinflussen".[100] Die

---

98   Kolmer, Lothar/Carmen Rob-Santer: Studienbuch Rhetorik. S. 53.
99   Sowinski, Bernhard: Stilistik. Stiltheorien und Stilanalysen. S. 71.
100 Ebd.. S. 73.

Makrostilistik schwebt dabei nicht losgelöst über der mikrostilistischen Ebene, sondern wirkt direkt auf sie ein. Die Basisentscheidung auf der Makroebene ist die Wahl zwischen Oralität und Literarität. Mündliche Kommunikation arbeitet mit kurzen und vereinfachten Sätzen. Informationen werden in kurzen Hauptsätzen gegeben und Nebenordnungen in neue Matrixsätze gesetzt. Menschliches Sprechen ist natürlich auch von Satzbrüchen und *Ellipsen* geprägt. Schriftliche Kommunikation kann längere und komplexe Sätze umfassen und Nebenordnungen in Konstituentensätze ordnen. Auch grammatische Formen wie Satzgliedumklammerung durch *Verben* oder indirekte Rede findet man eher in der Schriftsprache.

Die gewählte *Textsorte* hat ebenfalls aufgrund gegebener Textkonventionen einen großen Einfluss auf alle Stilelemente der Wort- und Satzebene. Ein Gebrauchstext wird selten einen Spannungsbogen haben, ein Roman sollte diesen dagegen schon besitzen. Auch innerhalb einer *Textsorte* kann ein Subgenre weitere Anforderungen stellen. Zum Beispiel unterscheiden sich der Wortschatz und die Narrationsstrategie eines historischen Romans von denen eines Psychothrillers. Hier muss in jedem Einzelfall eine Analyse vorgenommen werden, um den exakten Erzählerstil und die Wirkung aller *narrativen Muster* zu erkennen. Die *Makrostilistik* arbeitet an dieser Stelle eng mit der *Narrationstheorie* zusammen; sie ist im Grunde ein Teil von ihr. Im praktischen Teil werden wir an unserem Textbeispiel diese Fusion erleben. Linguisten wie Sowinsiki, die sich mit der *linguistischen Stilistik* befassen, ordnen die *Narrationstheorie* daher direkt der *Makrostilistik* zu. Sie sehen in diesen Erzählstrukturen (*Erzählerinstanz*, Erzählsituation, Art der Redewiedergabe etc.) makostilistische Kategorien. Ich habe die *Narrationstheorie* aus Gründen ihres Umfangs und zur Wahrung der Übersichtlichkeit jedoch bereits in ein eigenständiges Kapitel ausgegliedert.

Ein weiteres *makrostilistisches* Element ist die **Klarheit**. Ohne *Klarheit* auf der Makroebene wird kein Rezipient die *Textualitätskriterien Akzeptabilität* und *Informativität* als gegeben ansehen. *Klarheit* „bedeutet so viel wie verständlich",[101] jedoch können die Meinungen über die Bedingungen der *Klarheit* deutlichen auseinandergehen. Sind nur kurze Sätze klar? Darf man Fremdwörter benutzen und wenn ja wie oft? Es müssen nicht alle langen Sätze zwingend unklar sein, allerdings wird ein hypotaktischer Stil in der Regel tatsächlich als schwerer verständlich

---

101 Göttert, Karl-Heinz/ Jungen, Oliver: Einführung in die Stilistik. S. 128.

wahrgenommen. Dabei kann ein Satzgefüge mit Umklammerung kognitiv übermäßig anspruchsvoll werden, während einfache erweiterte Satz leichter zu verstehen sind. Ob etwas klar ist, entscheidet am Ende der Rezipient als reale Person gemäß dem Kriterium, dass er „die These versteht, [… und] den Fortschritt der Argumentation verfolgen kann".[102]

Ein Text besitzt auch immer eine gewisse gesamtheitliche **Stilfärbung**[103]. Dieser Begriff bedarf der Erläuterung. Hier tritt neben der semantischen Funktion eines Textes sein expressiver Charakter in den Vordergrund. Eine Form der *Stilfärbung* habe ich im Rahmen der allgemeinen Ausführung bereits als Beispiel ins Feld geführt. Negative *Konnotationen* wie „Drecksvieh" für „Katze" besitzen eine *pejorative*, sprich *abwertende Stilfärbung*. Die Zahl der *Stilfärbungen* ist nur schätzbar und kann wohl beliebig erweitert werden. Erwähnenswert wären hier noch die *hyperbolische*, also *übertreibende* Färbung, die s*pöttische*, die *euphemistisch* (*beschönigende*) *Stilfärbung* sowie das *Scherzhafte* und *Vertrauliche*. Diese Beispiele auf der Wortebene werden ebenso auf die Ebene des gesamten Textes übertragen. Ein Satz und ein Text können also abwertend, übertreibend, spöttisch, beschönigend etc. sein. Natürlich treten in der Realität am häufigsten Mischformen auf und oft arbeitet ein Autor ganz bewusst mit Brüchen im Stil. Die *Konnotationen* habe ich bei den allgemeinen Ausführungen zur *Stilistik* bereits einmal zur Verdeutlichung der Problematik erwähnt. An dieser Stelle erwähne ich sie noch einmal als konkretes *makrostilistisches* Stilelement. *Konnotativ* bedeutet *zusätzlich* und beschreibt in der allgemeinen Linguistik den (meist implizierten) Zusatzsinn eines Wortes. In der *linguistischen Stilistik* ist der *Konnotations*begriff jedoch komplexer. Er ist hier „auch auf das gesamte Subsystem der Stilstruktur eins Textes ausgeweitet".[104] Das bedeutet, dass nicht nur Worte, sondern auch Sätze oder eben ganze Texte einen implizierten Sinn neben ihrer denotativen Bedeutung haben können. Gerade in (Psycho-)Thrillern ist dieses Stilmittel oft essenziell für den Text, was einem bei der Analyse bewusst sein muss.

Die Zweiteilung der *Stilistik* in *Makro- und Mikrostilistik* ist zwar sinnvoll, doch selbstverständlich sind die Grenzen nicht fix, wie man am Beispiel der *Stilfärbungen* und *Konnotationen* sieht.

---

102 Ebd.. S. 130.
103 Vgl. dazu: Sowinski, Bernhard: Stilistik. Stiltheorien und Stilanalysen. S. 124 f..
104 Ebd.. S. 41.

B) PRAKTISCHE ANALYSE

5. „Die Therapie" – Inhaltszusammenfassung

Nun wird sich der didaktische Wert der angeführten linguistischen Werkzeuge in der Praxis zeigen. Unser Beispieltext ist der Roman „Die Therapie" des promovierten Juristen Sebastian Fitzek. Zum besseren Verständnis folgt an dieser Stelle eine knappe Inhaltsangabe.

Fitzeks Erstlingswerk von 2006 erzählt die Geschichte des Psychiaters Doktor Viktor Larenz. Der Plot entspannt sich zunächst wie ein Kriminalroman in Berlin, wo Larenz auf der Suche nach seiner zwölf Jahre alten Tochter Josephine ist; im weiteren Roman meist Josy genannt. Das Kind leidet an einer unbekannten Krankheit, deretwegen ihr Vater Kollegen aller denkbaren medizinischen Fachrichtungen konsultiert hat. Bei einem befreundeten Arzt geht das Kind allein ins Sprechzimmer und kehrt nicht mehr zurück. Nach einiger Wartezeit befragt Larenz seinen Kollegen und dessen Sprechstundenhilfe, doch die behaupten, Josy wäre nie in der Praxis gewesen. Die Umstände ihres Verschwindens bleiben ganz und gar mysteriös.

Nach dieser Vorgeschichte springt der Autor vier Jahre vor. Wir treffen den berühmten Psychiater, der sich im Glauben sein Kind sei tot, auf die Nordseeinsel Parkum zurückgezogen hat. Er hat seinen Beruf inzwischen aufgegeben und arbeitet auf der Insel an einem Interview für eine Zeitschrift. Er hofft so, seine Trauer besser aufarbeiten zu können. Auf Parkum aber trifft er auf Anna Spiegel, eine offenbar geistigverwirrte Frau, die sich von ihm therapieren lassen möchte. Sie sei Kinderbuchautorin, sagt sie, und sehe manchmal ihre Protagonisten im wahren Leben. Anna beschreibt unter anderem, wie sie als Kind ihren Hund getötet habe, um später zu erfahren, dass auch dieser nur eingebildet gewesen war. Larenz gedenkt zunächst, diesen Fall abzulehnen, da er nicht mehr praktiziert, doch dann erzählt ihm Anna von ihren aktuellen Wahnvorstellungen, in denen Josy vorzukommen scheint. Sie beschreibt das Mädchen Charlotte aus ihrem Roman und Larenz erkennt die Parallelen. Die Frau gibt Fakten aus Josys Leben preis, die ihr eigentlich nicht bekannt sein dürften. Die Therapie beginnt daraufhin und schwankt zwischen medizinischem

Gespräch und Verhörszenario. Während dieser Tage geschehen in Larenz' Umfeld eigenartige Dinge. Der Bürgermeister der Insel tritt an ihn heran und warnt ihn vor Anna, sie sei gefährlich, womöglich sei sie eine Kriminelle und gebe die Wahnvorstellungen nur vor, um an ihn heranzukommen. Gleichzeitig sucht Larenz den telefonischen Kontakt zu seinem engsten Freund, Kai Strathmann, der als emotionale Stütze und Privatermittler für Larenz da ist. Kai überprüft fernab der Urlaubsinsel Annas Aussagen und findet unerklärliche Zusammenhänge. Die junge Frau hatte von einem Wochenendhaus berichtet, in das Charlotte sie geführt habe und tatsächlich entspricht dieses Häuschen dem Urlaubshaus der Familie Larenz. In ihm wurde jedoch eingebrochen. Kai entdeckt Blut im Badezimmer. Auch Kai warnt ihn daraufhin vor dem weiteren Kontakt zu Anna und bittet ihn, auf das Festland zurückzukehren. Larenz ignoriert jedoch alle Warnungen und beginnt sogar zu hoffen, Anna stehe in Kontakt zu Josy. Immerhin gibt sie während der Therapiesitzungen Details zu dem Kind preis, die nur Larenz selbst zu wissen glaubte. Nun sieht er in Anna den Schlüssel zu seiner Tochter Josy, die auf einmal gar nicht mehr so tot zu sein scheint. Anna entpuppt sich jedoch langsam als greifbare Gefahr, als Larenz nach einer Sitzung seinen eigenen Hund tot vorfindet – so getötet, wie Anna es von ihrem eigenen eingebildeten Hund beschrieben hatte. Zudem glaubt er nun, sie mische ihm Gift in den Tee, der zunächst nur Erkältungssymptome ausgelöst hatte, doch nun eine lebensbedrohliche Schwächung bewirkt. An dieser Stelle der Handlung wird die Insel von Unwettern heimgesucht, was alleb Figuren einen Zwangsaufenthalt beschert; niemand kann die Insel mehr verlassen.

Die Realität beginnt sich in dieser zweiten Hälfte des Buches aufzulösen, als etwa Telefongespräche möglich sind, obwohl es kein Funknetz gibt und aktuelle Kontoauszüge vorgelegt werden, obwohl kein Kontoauszugsdrucker auf der Insel vorhanden ist. Dann verschwinden Hundekorb und Fressnapf des getöteten Haustieres plötzlich, als habe es den Hund – wie schon bei Anna selbst – nie gegeben. Durch eine gezielte Nachfrage beim Bürgermeister erfährt Larenz dann, dass das Gasthaus „Ankerhof", in dem Anna ihrer Aussage nach wohne, seit Wochen geschlossen sei. Der Rezipient merkt also immer mehr, dass etwas mit Larenz und/oder Parkum nicht stimmt. Was daran nicht stimmt, wird aber erst am Ende offenbart, als dem Leser gezeigt wird, dass der Psychiater in der psychiatrischen Klinik „Wedding" liegt und er gemeinsam mit dem Leser in einem selbsterschaffenen Mikrokosmos gefangen war; einer Scheinwelt, in der er das Opfer war und in der auch seine Tochter bei einer Entführung verschwand. Tatsache ist jedoch, wie er im Gespräch mit seinem behandelnder Arzt, Dr. Roth, herausarbeitet, dass Larenz selbst vor vier Jahren am Münchhausener-Stellvertreter-Syndrom[105] litt und seine reale Tochter Josy unnötig mit Paracetamol und Penicillin behandelt hatte, obwohl diese eine Allergie gegen beide Medikamente hatte. Zudem litt Larenz an Schizophrenie und bildete sich zunehmend ein, seine Frau Isabell würde die Tochter vergiften. Dies führte eines Nachmittags dazu, dass er glaubte, mit der Tochter vor Isabell fliehen zu müssen und dabei aus Versehen Josy beim Verstecken im See getötet, indem er sie unter die Wasseroberfläche drückte, bis sie erstickte. Anna Spiegel war demnach innerhalb seiner Traumwelt der Teil seiner gestörten Vater-Persönlichkeit, die er als Psychiater zu therapieren versuchte; eine psychotische Form der Selbsttherapie.

Im Gespräch mit Dr. Roth stell sich ganz zum Schluss jedoch heraus, was auch Larenz bis dato nicht wissen konnte, dass Josy nur bewusstlos war. Larenz' Frau Isabell verließ daraufhin mit der Tochter Berlin und setzte sich ins Ausland ab.

Das überraschende Ende wird jedoch zuvor beeits stilistisch und narrativ angekündigt, was den besonderen Reiz des Werkes aus linguistischer Sicht ausmacht. An Beispielen wird dies jetzt zu zeigen sein.

---

[105] Ein Patient, der am Münchhausener-Syndrom leidet, übersteigert oder erfindet gar Krankheiten, wegen denen er Ärzte konsultiert, um medizinische Aufmerksamkeit zu bekommen. Beim Münchhausen-Stellvertreter-Syndrom wird dieses Verhalten auf eine vertraute Bezugsperson übertragen. Im ICD-10 (Internationale Statistische Klassifikation der Krankheiten) sind die „Täter" meist Erziehungsberechtigte, die bei ihren Kindern nicht vorhandene Krankheiten sehen wollen. In drastischen Fällen kann diese psychotische Erkrankung so weit gehen, dass der Patient sein Kind vergiftet, um die gewünschten Symptome zu provozieren.

6. Textlinguistische Betrachtungen

6.1 Die Textsorte

Unser Untersuchungsgegenstand ist kein Gedichttext (Lyrik) und keine szenische Darstellung (Drama), sondern ein erzählender Text (Epik). Diese Zuordnung zur nichtszenischen Erzählung lässt sich aufgrund von Länge, fiktionaler und schöngeistiger Schriftlichkeit weiter dem Roman zuordnen.[106] Diese Definition der *Textsorte* reicht natürlich bei Weitem nicht aus. Betrachten wir den *Plot*, so ist „Die Therapie" zunächst einmal der Gattung Kriminalroman zuzuorden, denn sie erfüllt die inhaltlichen Anforderungen. Romane dieser Gattung

> handeln von Verbrechen [...] und von der Klärung der mit einer Tat verbundenen Fragen, unter denen die nach dem Täter, den Tatmotiven und dem Tathergang besonders wichtig sind.[107]

Der erste Teil des Romans folgt diesen Fragen geradezu konventionell. Auch wenn Larenz' Gefühlsleben durch den Verlust seiner Tochter teilweise stark in den Vordergrund gerückt wird, erfährt der Rezipient zu Beginn den Tatumstand (zumindest den vermeindliche Tatumstand; das Verschwinden der Tochter) und sucht durch die Augen des Protagonisten beständig nach der Klärung. Danach werden jedoch mehr und mehr Elemente des modernen Horror-Genres eingemischt und es kommt zu einer Transformation in einen Psychothriller (engl. „thrill" für Schauer oder Nervenkitzel). Es tauchen klassische Elemente auf, wie etwa Lichter, die allein an und aus gehen, verschwindende Gegenstände und ein Handy, das trotz Funklochs Empfang hat.

An dieser Stelle gestaltet sich eine genaue Definition des Genres Psychothriller schwierig, da Thriller und Kriminalroman eine „Teilidentität"[108] besitzen. Einige Literaturwissenschaftler sehen den Thriller sogar als „Oberbegriff für die gesamte Spannungsliteratur" an,[109] was eine klare Abgrenzung natürlich unmöglich macht.

---

106 Wir können hier im Rahmen einer kurzen Narrationsanalyse nicht auf Roman-Theorien eingehen. Dafür sei an die Literaturwissenschaftler verwiesen.
107 Lamping, Dieter (Hrsg.): Handbuch der literarischen Gattungen. Alfred Kröner Verlag. Stuttgart 2009. S. 438.
108 Ebd.. S. 439.
109 Ebd.. S. 439.

Fitzeks zweite Romanhälfte als Psychothriller lässt sich dadurch dennoch deutlich von der ersten „Kriminalhälfte" unterscheiden, insofern Elemente des Metaphysischen, also des Geisthaften, Einzug halten. Es geschehen Dinge, die außerhalb der Naturgesetze liegen, was vom kriminalistischen, aber eben realistischen Anfang abweicht. Es gibt an dieser Stelle auch eine Überschneidung zum klassischen Schauerroman des 18. Jahrhunderts, der

> durch die Beschreibung von Angst und Grauen in der Begegnung mit dem Bösen und teilweise Übernatürlichen beim Leser einen angenehmen Schauer hervorrufen soll.[110]

Wie können wir von dieser *Textsorten*klassifizierung profitieren? Die Handlungsstruktur ist für alle Kriminalromane festgelegt:

> Auf den Mord (erster Teil) folgen die Fahndung (zweiter Teil) und die Aufklärung des Mordes (dritter Teil). Lediglich die einzelnen Momente der Fahndung unterliegen in ihrer Anordnung der Variation.[111]

Dabei kommt es bis zum Punkt der Evaluation zu einem Spannungsanstieg. Dieser wird

> durch das Angebot der verschiedenen Deutungsmöglichkeiten von Indizien und Aussagen, aber auch durch das gezielte Legen falscher Fährten mit Hilfe falscher Schlußfolgerungen durch Nebenfiguren u. ä. erzielt.[112]

In Fitzeks Fall verdächtigen der Protagonist und die Nebenfiguren Kai und der Bürgermeister die geistig instabile Anna. Fitzek hält sich an die dreigeteilte Struktur (Mord-Fahndung-Aufklärung), auch wenn die Phase der Fahndung in einer fiktiven Traumwelt des Protagonisten erfolgt. Dieser Aufbau findet sich zwar auch bei Thrillern, allerdings ist dort das Verhalten von Protagonist und Umwelt anders. Zunächst einmal werden durch übernatürliche Ereignisse weitere Spannungsanstiege kreiert. Der Thriller besteht somit „meist aus einer Kette aktionsgeladener Szenen";[113] das ist das zweite Unterscheidungskriterium gegenüber dem Kriminalroman. „Die Bewältigung der Aufgabe, die der Held übernommen hat, verläuft nicht als

---

110 Ebd.. S. 662.
111 Nusser, Peter: Der Kriminalroman. Metzlersche Verlagsbuchhandlung. Stuttgart 1980. S. 34.
112 Ebd.. S. 37.
113 Ebd.. S. 3.

intellektuelle Tätigkeit, sondern als handelnde Auseinandersetzung."[114] Betrachtet man Larenz als Protagonisten, sieht man in der Figur selbst bereits, was Fitzek im formalen Aufbau durchführt: eine Verschmelzung der *Textsorten* Kriminalroman und Thriller. Larenz arbeit in seiner psychiatrischen Befragung und Analyse von Anna sehr wohl intellektuell, doch die Aktionsszenen sind deutlich abenteuerlich und handlungsorientiert. Im Kriminalroman gibt es von Beginn an einen Kreis der Ermittler (bei Fitzek treffen wir da neben der Hauptfigur noch auf dessen engen Freund Kai) und einer Gruppe von Nicht-Ermittelnden[115]. In der zweiten Gruppe sind sowohl Verdächtige wie auch Zeugen. Das Opfer selbst gehört im Grunde keiner der beiden Gruppen an. Die Kreise müssen allein schon aus dem Kriterium der *Akzeptabilität* heraus für den Rezipienten überschaubar gehalten sein. Im Roman selbst wird dies gewährleistet, indem die Insel Parkum als Handlungsort vom Betreten weiterer Figuren abgeschnitten wird. Nur Kai darf Kontakt zum Protagonisten halten. Auch diese Tatsache ist sehr interessant. Die Figur des Freundes sucht im Auftrag des Psychiaters nach Anhaltspunkten für das Verschwinden der jungen Josy. Damit nimmt er auffallend die Züge einer „Watson-Figur"[116] an, wie man sie aus Kriminalromanen kennt. Er ist der Gefährte, der

> sich dem dominierenden Helden deutlich unterordnet und auf diese Weise zu dessen Überhöhung beiträgt [...]. Im Gegensatz zum Detektivroman wird im Thriller jedoch die Funktion des Gefährten als deus ex machina, als Lebensretter in schier aussichtsloser Situation, stärker betont.[117]

Eingehender betrachtet wird diese Figurenkonstellation jedoch in der Stilanalyse. Kehren wir nun noch einmal zum formalen Aufbau zurück. Bemerkenswert sind dabei die Zwischenüberschriften. In Romanen sind sie zwar üblich, doch Fitzek nutzt sie auf spezielle Weise. Er beginnt klassisch mit „Prolog"[118] und dem „1. Kapitel. Heute, einige Jahre später"[119] und markiert so die Rückblende auf Josys Verschwinden. Im Folgenden wird nun die Zeit auf Parkum als das Zusteuern auf eine Katastrophe hin angedeutet. Fitzek betitelt die folgenden Kapitel mit einer „Tagesangabe", wie etwa „2.

---

114 Ebd.. S. 54 f..
115 Vgl. dazu: Ebd.. S. 38 ff..
116 Ebd.. S. 69.
117 Ebd.. S. 69.
118 Fitzek, Sebastian: Die Therapie. S. 7.
119 Ebd.. S. 19.

Kapitel. Parkum, fünf Tage vor der Wahrheit".[120] Bereits mit dieser Entscheidung zum formalen Aufbau wird Spannung geschaffen und zudem eine wichtige semantische Andeutung gemacht: der *Zeitpunkt* Null – „37. Kapitel. Parkum, Tag der Wahrheit"[121] – führt zur Katastrophe respektive Aufklärung. Der Zeitpunkt impliziert, dass der Protagonist die grauenhafte Wahrheit erfährt, oder, wenn man beim Englischen „thrill" bleiben möchte, dass der „Schauer" Einzug hält.

Die Länge der Kapitel, ebenfalls ein formales Merkmal, ist verhältnismäßig kurz gehalten, sodass auf 332 Seiten ganze 62 Kapitel unter kommen. Dies macht im Durchschnitt nur circa 5,35 Seiten pro Kapitel und dies, obwohl der Roman kaum A5-Format erreicht und der Letterndruck sehr groß angesetzt wurde. Inwiefern dies dem Knaur-Verlag als Herausgeber zuzuschreiben ist, kann an dieser Stelle nicht beurteilt werden. Die Spannung des Romans liegt jedoch zu einem wesentlichen Punkt gerade in dieser formalen Kürze. Auf nur 332 Seiten wird die Tragödie eines ganzen Lebens erzählt. Aber nicht nur die Textkürze oder die Kapitelüberschriften sind dabei ein Spannungskriterium, sondern auch die Vielzahl der Kapitel sowie ihr Aufbau. Ein Kapitelwechsel bei Fitzeks „Die Therapie" ist nicht automatisch ein Ortswechsel, noch treten zwangsläufig neue Figuren auf. Fitzek scheint Kapitel eher als Pausen zu verstehen, die eine Situation kurz unterbrechen, um den Gedanken daraufhin wieder aufzunehmen. Somit erzeugen insgesamt 61 Pausen die Atmosphäre von „angehaltener Luft", ein kurzes Spannungsmaximum, was 61 kleinere Maxima bis zur Klimax der Auflösung einbaut.

Schließlich ist noch bemerkenswert, dass ab „16. Kapitel. Heute. Zimmer 1245 Wedding"[122] ein zweiter Handlungsort allein über die formale Titelangabe eingeführt wird. Es wird im Text selbst zunächst nicht erklärt, was dieser Ortswechsel bedeutet. Der Rezipient erhält nur Hinweise in Form der neuen Figur, Dr. Roth, die offenbar im Gespräch mit Larenz über dessen Parkum-Aufenthaltes begriffen ist. Dieser Wechsel der Handlungsplätze setzt sich bis zum Kapitel 56 fort. Ab dem Satz

> 'Ich bin du!', sagte er zu ihr [Anna] und sah, wie das Auto langsam verschwand und sich in ein Klinikzimmer verwandelte.[123],

---

120 Ebd.. S. 26.
121 Ebd.. S. 220.
122 Ebd.. S. 118.
123 Ebd.. S. 229.

existiert das Parkum-Szenario nicht mehr und die restlichen Kapitel finden in der werkinternen Realität statt. All diese Informationen werden allein über formale Mittel gegeben. Was wir gerade unternommen haben, war ein praktischer Analyseschritt der *Textlinguistik*: die Bestimmung der *Textsorte*. Die zwei anderen Einheiten sind die *Analyse der Textstruktur* sowie *der Textfunktion*.

6.2 Die Textstruktur

6.2.1. Kohäsion

Die *Textstrukur* bei „Die Therapie" ist gut nachzuvollziehen. Die Tochter Josy erfährt eine beständige *explizite Wiederaufnahme* (*Koreferenz*). Sie ist außersprachliches Objekt, auf das stets als Referenzträger Bezug genommen wird. Dabei wird nicht nur Hunderte Male durch den Namen auf das Kind rekurriert, es kommt auch immer wieder zu Bezeichungen wie „Tochter"[124], „krankes Mädchen"[125] oder „Prinzessin"[126], was sowohl das Leitthema aufgreift, als auch weitere Informationen zu ihr gibt. Sie stellt damit das wichtigste *Kohäsion*smittel des Romas dar. Selbstverständlich wird auch mit Pro-Formen gearbeitet. Gleich zu Beginn des Romans verletzt Fitzek dabei die sprachliche Norm, die vorsieht, dass bei der Einführung eines neuen Referenzträgers dieser zuerst mit einem Lexem beschrieben wird, das Informationen über den Referenten weitergibt. Fitzek jedoch beginnt so:

> Als die halbe Stunde verstrichen war, wusste er, dass er seine Tochter nie wiedersehen würde.[127]

Der Autor beginnt also mit der Verwendung der Pro-Formel „er" statt dem Namen der Person, was ungewöhnlich ist. Fitzek bevorzugt hier die Setzung des Personalpronomens aber ganz bewusst, um von Anfang an den Wunsch nach mehr Informationen im Leser anzusiedeln. Semantisch lässt sich natürlich aus dem Satz

---

[124] Ebd.. S. 148.
[125] Ebd.. S. 83.
[126] Ebd.. S. 83.
[127] Ebd.. S. 7.

bereits so viel erschließen, dass „er" ein männlicher Mensch ist, der das Alter besitzt, um eine Tochter zu haben.

Implizite Wiederaufnahmen ziehen sich ebenfalls durch den Roman. Als Beispiel sei folgende genannt:

>'Du musst in mein Arbeitszimmer gehen. Öffne den Tresor […]."[128]

Hier ist eine Verknüpfung der unterschiedlichen Referenzträger „Arbeitszimmer" und „Tresor" durch das zu erschließende Wissen gegeben, dass sich Letzterer innerhalb des Zimmers befindet. Diese Information wird *implizit* gegeben und baut beim Verstehen die *Koreferenz* auf.

Suchen wir nun zum Abschluss zu dieser *Textstruktur*analyse einige Progressionen in der Tradition des *Thema-Rhema-Konzepts* der Prager Schule. Zu jeder der vorgestellten Progressionsarten habe ich ein Beispiel aus dem Roman herausgesucht. Eine *Progression mit durchlaufendem Thema* findet sich in der Formulierung

>Und der Alkohol verdrängte nicht nur. Er hatte Antworten.[129]

Der Zusammenhang des Textgefüges wird hier semantisch hergestellt, indem das Thema „Alkohol" durchgehend bleibt und nur weitere Rhemas, einmal in Form der Eigenschaft der Verdrängung und in der Form des Antwortgebers, hinzugefügt werden. Auf syntaktischer Ebene wird das Bestehen des Themas im zweiten *elliptischen* Satz durch die Pro-Formel „er" gekennzeichnet.

>Und mit der Kraftlosigkeit kamen die Schmerzen. Und mit den Schmerzen kamen die Erinnerungen.[130]

Dies ist ein Beispiel für eine e*infache lineare Progression*, bei der das Rhema des ersten Satzes („Schmerzen") im Folgesatz zum Thema wird; diesem wird sodann ein neues Rhema („Erinnerungen") zugeordnet. Bei Fitzek ist es häufig der Fall, dass das Thema impliziert ist, allein schon, weil das Hauptthema „Josy" beständig vorkommt. Die Therapie, zu der er sich entscheidet, geschieht nur, da er Informationen einzuholen

---

[128] Ebd.. S. 149.
[129] Ebd.. S. 87.
[130] Ebd.. S. 89.

hofft. Doch dies sind Überlegungen auf der Metaebene. Ein Textbeispiel für eine *Progression mit abgeleitetem Thema* sieht wie folgt aus:

> Viktor wählte im Ankleidezimmer eine alte 501-Jeans und schlüpfte in seinen blauen Polo-Pullover..[131]

Das das Ankleiden ist hier Thema, das sich der Leser aus der beschriebenen *Situationalität* heraus ableiten kann. Die Rhemas werden dabei durch die beiden Kleidungsstücke vorgegeben. Ebenfalls zwei Rhemas finden sich hier:

> Er würde es auch hier nicht schaffen, zu sich selbst zu finden. Die Geister ließen ihn auch auf Parkum nicht in Frieden. Weder die der Toten noch die der Lebenden..[132]

Dieses Beispiel zeigt jedoch eine andere Progressionsart an: eine *Progression mit gespaltenen Rhemas*. Das Thema des ersten Satzes bildet der Ort. Dieser nur mit dem Adverb „hier" beschriebene Platz wird im zweiten Satz durch „Parkum" näher definiert. Dabei wird auch das Rhema „Geister" eingeführt, die diesen Ort für das Subjekt „er" belastend machen. Im Folgenen wird dieses Rhema gespalten:. Es ist die Rede von lebenden und toten Geistern. Zuletzt ein Textgefüge, das durch *Progression mit thematischem Sprung* entsteht:

> Er wurde in einem Militärkrankenhaus am Blinddarm operiert, und man vergaß, ihm die Stützstrümpfe vor der Operation anzuziehen. Die Thrombose war tödlich..[133]

Es lassen sich gleich zwei Sprünge feststellen. Die Thematik der „Blinddarmoperation" springt zum Thema „Stützstrümpfe", das wiederum thematisch den Begriff „Thrombose" einführt. Hier kann nur ein semantisches Gefüge entstehen, wenn der Rezipient das medizinische Grundwissen besitzt, dass während einer Operation vom Patienten Stützstrümpfe getragen werden müssen, da es sonst zu Thrombosen, also Venenverschlüssen, in den Beinen kommen kann.

---

131 Ebd.. S. 125.
132 Ebd.. S. 39.
133 Ebd.. S. 52.

6.2.2. Die thematische Entfaltung

Der zweite Sinnschritt zur Erfassung der *Textstruktur* ist nun, eine Betrachtung der *thematischen Entfaltung* vorzunehmen. Die bereits charakterisierte Textsorte des Thrillers verlangt natürlich nach einer *narrativen Entfaltung* gemäß Brinker. Die drei Grundkategorien *Situierung*, *Repräsentation* und *Resümee* sind klar erkennbar. Der Rezipient erhält Eckdaten zu Ort und Geschichte (*Situierung*) und wird ebenso mit den Figuren, ihren Gedanken und Handlungen vertraut gemacht (*Repräsentation*). Dabei spielt es keine Rolle, dass sich der Großteil der Handlung in einer inneren Scheinwelt des Protagonisten abspielt. Zum Aufbau der fiktionalen Welt auf Parkum und ihren Verstrickungen mit der Realität innerhalb des Romans werde ich mich im nächsten Kapitel bei der Erörterung der *narrativen Muster* eingehend äußern. Das *Resümee* wird von Fitzek klassisch ans unmittelbare Ende gestellt, wo der Rezipient endlich die Information erhält:

> „Vor mir stand... ich selbst!".[134]

Die restlichen 32 Seiten führen dann auf Basis dieser Erkenntnis die Handlungsstränge zusammen und bringen die Evaluation.
Da es sich um einen Thriller handelt, steht innerhalb der *narrativen Entfaltung* die persönliche Tragödie des Protagonisten besonders im Fordergrund. Es ist dieses Thema mit all seinen Auswirkungen, das entfaltet wird. Der tragische Aspekt erfährt seine *Entfaltung* insbesondere dadurch, dass das Verschwinden der Tochter vor vier Jahren immer wieder mit negativ *konnotierten* Formulierungen wie

> [...] an die ersten Stunden unmittelbar nach dem Schock,[135]

> Es gibt keine *alten Wunden*. Sie sind frisch. Seit vier Jahren [...][136]

> Der gewaltige Pressezirkus vor seinem Haus in den ersten Tagen nach Josys Verschwinden hatte die Familie unerträglich belastet."[137]

---
134 Ebd.. S. 300.
135 Ebd.. S. 27.
136 Ebd.. S. 106.
137 Ebd.. S. 138.

wieder aufgenommen wird. Neben dieser *Entfaltung*sart finden sich aber auch *deskriptive* Elemente, auch wenn diese einen wesentlich geringeren Anteil einnehmen. Diese *Entfaltung* tritt immer dann auf, wenn Orte oder Personen beschrieben werden:

>'So? Um wen handelt es sich denn?'
>'Sie heißt Anna. Anna Spiegel. Eine kleine, blonde Frau, etwa fünfunddreißig Jahre alt.'.[138]

Das Explanandum ist hier, wie es oft der Fall ist, impliziert. Die Angaben beziehen sich auf die unausgesprochene Frage, wer diese Person ist, die gerade Gesprächsgegenstand ist. Die *argumentative Entfaltung* kommt zum Tragen, wenn wir Dialoge zwischen Larenz und dem Privatermittler Kai erleben. Hier wird argumentativ zum thematischen Kern „Josy" gesprochen. Kai entfaltet die Thematik, indem er den Psychiater immer wieder darauf hinweist, dass Anna Spiegel und ihre Wahnvorstellungen nichts mit dem Verschwinden der Tochter zu tun haben müssen.

>'Doch ich bezweifle, dass die Sachbeschädigung etwas mit Josy zu tun haben kann. [...] Weil die Spuren zu frisch sind. Das Fenster wurde erst vor wenigen Tagen eingeschlagen und nicht vor Monaten, geschweige denn vor Jahren.'[139]

Kai bezieht damit ganz deutlich einen anderen Standpunkt als Larenz und versucht seine Meinung mit nachvollziehbaren Argumenten darzustellen. Er versucht auch immer wieder appellierend auf Larenz einzuwirken, wenn er ihn bittet, die Insel zu verlassen oder zumindest Anna nicht mehr zu sehen. Auch hier nutzt er die *argumentative Entfaltung*:

>'Lass diese Anna Spiegel nicht in dein Haus. So lange nicht, bis wir wissen, wer sie wirklich ist. Sie ist vielleicht gefährlich.'[140]

Bevor wir den Aspekt der *Textlinguistik* abschließen, steht uns mit der Analyse der *Textfunktion* noch ein drittes Werkzeug zur linguistischen Textbetrachtung zur Verfügung.

---

138 Ebd.. S. 251 f..
139 Ebd.. S. 110.
140 Ebd.. S. 181 f..

6.3 Die Textfunktion

Es ist möglich, die Texthandlung zu beschreiben und damit die kommunikative Funktion des Romans „Die Therapie" zu zeigen. Die private Absicht hinter Fitzeks Veröffentlichung können wir nicht analysieren. Wir bewegen uns hier innerhalb des Textes und nicht auf der Metaebene des Autors. Das Korpus selbst verwendet alle fünf von Brinker beschrieben *Textfunktionen*. Jede Figur um Larenz herum versorgt ihn mit mehr oder weniger brauchbarem Wissen und Fakten zu seiner Tochter (*Informationsfunktion*) und besonders Kai und der Bürgermeister nutzen immer wieder die *Appellfunktion*, um Larenz von ihrem Standpunkt zu überzeugen, dass Anna Spiegel gefährlich ist und er sie nicht therapieren sollte. Bei Kai wird dies noch durch den Einsatz der *Obligationsfunktion* verstärkt, indem er Larenz zum Kontaktabbruch mit Ann bringen möchte:

> 'Ich meine es ernst. Das ist der Deal – ich erledige deine Aufträge, aber du hältst dich mit weiteren persönlichen Kontakten zu dieser Person zurück.'.[141]

Dies stellt einen mündlichen Vertrag da, indem die Erfüllung einer Aufgabe unter der Bedingung der Erfüllung der anderen steht. Hier liegt eine wirkliche Sprachhandlung vor, da Kai nur via Telefon mit dem Psychiater in Verbindung steht und einzig auf die Sprache als Verpflichtungsmittel zurückgreifen kann. Betrachtet man den Roman im Ganzen, so gibt es keine *Kontaktfunktion* im eigentlichen Sinne. Die *Erzählerinstanz*, die im folgenden Kapitel eingehend beschrieben wird, tritt nie in direkten Kontakt mit den Rezipienten. Wir sehen aber bei den einzelnen Figurenreden eine interessante Konsequenz des Nichtbefolgens dieser gesprächseinleitenden Funktion. Meist tritt sie im Alltag ohnehin nur dann auf, wenn sich Personen unterhalten, zwischen denen offenbar kein besonderes Vertrauensverhältnis besteht. Unter engen Freunden wird oft darauf verzichtet. In „Die Therapie" begegnen wir ihr in keiner Interaktion. Im Prolog beginnt der befreundete Arzt ein Gespräch:

> 'Viktor? […] Was ist denn hier los?'.[142]

---

141 Ebd.. S. 182.
142 Ebd.. S. 14.

Oder der Bürgermeister auf Parkum

> übergab Viktor stattdessen wortlos ein kleines Päckchen.
> 'Was ist das?'
> 'Eine Pistole.'.[143]

Gespräche starten unvermittelt. Besonders fallen dabei jene auf, die der Protagonist mit Kai, seinem besten Freund, führt. Der Beginn eines Kapitels, in dem der Freund vorkommt, wird direkt mit dessen direkter Rede eröffnet und auch dabei verzichtet die Figur auf jede *Kontaktfunktion*. Zwei Beispiele:

> Das Telefon klingelte und machte Viktos Versuch zunichte, eine weitere Frage zu stellen.
> [...]
> 'Larenz.'
> 'Ich weiß nicht, ob ich eine gute oder eine schlechte Nachricht für dich habe.' Kai meldete sich ohne förmliche Begrüßung und kam gleich zur Sache.[144]

> Er nahm den Telefonhörer in der Küche ab.
> 'Na endlich. Hör mir zu, es ist etwas Unglaubliches passiert!', begann Kai ungeduldig das Gespräch.[145]

Fitzek verzichtet meines Erachtens bewusst auf eine Kontaktaufnahme und gibt so auf linguistischer Ebene einen wichtigen Hinweis für die Texthandlung: Parkum ist irreal und damit sind alle Gespräche während dieser Szenen zwangsläufig Interaktionen zwischen Vertrauten, da es immer nur Larenz ist, der mit seinen erfundenen Bekannten spricht.

Selbst Anna Spiegel tritt von Anfang an als Vertraute auf und äußert sich weder zu Beginn noch während der Sitzungen mit vorangestellter sprachlicher Kontaktaufnahme. Ihre Szenen beginnen immer direkt, etwa mit:

> 'Schön, dass Sie mal ins Freie gehen', rief sie, als sie bis auf etwa zehn Meter an ihn herangekommen war.[146]

> 'Wissen Sie jetzt Bescheid?'
> Viktor ließ vor Schreck die Blätter fallen, die er in seinen Händen hielt, als er die ihm bekannte Stimme hörte.[147]

---

143 Ebd.. S. 156.
144 Ebd.. S. 103.
145 Ebd.. S. 193.
146 Ebd.. S. 130.
147 Ebd.. S. 272.

> Mühsam schleppte er sich nach unten und nahm den Hörer ab, in der Hoffnung, dass Isabell endlich zurückrief. Aber er hatte sich geirrt.
> 'Haben Sie meine Nachricht gelesen?'
> *Anna?*
> 'Ja.'[148]

Letzteres Beispiel belegt das Fehlen der *Kontaktfunktion* sogar bei einem Telefonanruf, wo bei Abwesenheit der Gesprächspartner eine Kontaktaufnahme noch wichtiger ist. Wir konnten also durch die *Textlinguistik* schon wesentliche Erkenntnisse über den Roman gewinnen. Nun sollen weitere Ergebnisse durch die Narrationstherorie erlangt werden.

---

148 Ebd.. S. 171.

7. Erzählerinstanz und narrative Mittel in Fitzeks „Die Therapie"

Gehen wir nun zur *Narrationstheorie* zurück und erarbeiten mit ihren Werkzeugen die *narrativen* Elemente des Thrillers. Ich beginne mit der *Erzählerinstanz* und ihrer besonderen Funktion.

Der Prolog beginnt mit dem Satz:

> Als die halbe Stunde verstrichen war, wusste er, dass er seine Tochter nie wiedersehen würde.[149]

Bereits daraus können wir schließen, dass eine personale Erzählform vorliegt. Der Einstiegsatz legt zudem bereits die Vermutung nahe, dass es sich um einen *homodiegetischen Erzähler* handelt. Es wird die Innenansicht des Subjekts „er" gezeigt, das uns erst auf der zweiten Seite mit Namen (Viktor Larenz) vorgestellt wird. Wir bekommen also einen unmittelbaren Eindruck von seinen Gedanken, jedoch keine Information darüber, wo „sie" (die Tochter) ist. Der Erzähler kann nicht *heterodiegetisch* sein, da ihm die Außensicht fehlt. An diesem Punkt begegnen wir bereits eine Besonderheit an Fitzeks *Erzählerinstanz*. Das gesamte Parkum-Szenario wird am Ende als Scheinwelt des geistig erkrankten Psychiaters offengelegt. Larenz selbst erzählt seinem Arzt Dr. Roth die Geschehnisse innerhalb dieses Mikrokosmos. Damit wird gleichzeitig klar, dass die Figur Viktor Larenz selbst der Erzähler ist und dies, ohne ein *Ich-Erzähler* zu sein. Wir erleben hier eine Binnenerzählung, die sehr wohl hätte *heterodiegetisch* sein können. Zum *Zeitpunkt* dieser Berichterstattung besaß Larenz die notwendige Außenperspektive (im wahrsten Sinne des Wortes). Fitzek entschied sich jedoch für die Innenperspektive. Ein narrationstheoretischer Schritt mit klarem Ziel: Indem der Rezipient in den meisten Momenten die Geschehnisse aus Larenz' Innenperspektive erlebt, führt das zwangsläufig zu einer starken Identifikation mit dem Protagonisten. Das führt wiederrum zur Anteilnahme an dessen Schicksal und zu größerer Spannung, wann immer etwas geschieht, was aus der Innenperspektive heraus unerklärlich ist.

---

149 Ebd.. S. 182.

Die Bindung des Lesers an den Helden ist auch eine Bindung an dessen Zeiterleben,[150]

und so erlebt der Rezipient alle Ungereimtheiten unmittelbarer. Durch die Wahl der Innenperspektive ist es natürlich auch notwendig, dass der Protagonist in jeder Szene anwesend ist. Diese einheitliche Figurenperspektive wird nur verlassen, wenn der Roman die Parkum-Ebene verlässt und sich im Krankenhaus abspielt. Die Instanz im Krankenhaus selbst ist wahrhaftig ein *heterodiegetischer Erzähler*. Während des Gesprächs werden häufig Gedanken, wie

> Ohne seine Fesseln hätte Larenz jetzt beschwichtigend die Hände gehoben.[151]

geäußert, also Zusatzinformationen gegeben. Für einen Thriller ist es sinnvoll, im Großteil (hier Parkum) nicht mit diesem allwissenden Erzähler zu arbeiten, denn dieser würde bei zu detailliert gegebenen Handlungsabläufen die Spannung aus dem Plot nehmen. Fitzek baut aber stets kleinere Hinweise ein, die den Rezipienten sowohl auf die richtige Lösung bringen als auch natürlich Verwirrung und dabei mehr Spannung erzeugen sollen. Um dies zu erreichen, bedient er sich der Linguistik auf die Weise, dass er innerhalb der Parkum-Erzählung immer wieder – und nur für wenige Sätze – doch den *homodiegetischen* durch einen *heterodiegetischen Erzähler* ersetzt. Zwei Beispiele:

> Doch arglos, wie er war, ließ er Anna gehen und sah ihr noch nicht mal hinterher. Sie musste damit gerechnet haben. Denn sobald die Tür hinter ihr ins Schloss gefallen war, machte sie sich gar nicht erst die Mühe, ihre wahren Absichten zu verbergen. Stattdessen wanderte sie zielstrebig nach Norden. In die entgegengesetzte Richtung vom 'Ankerhof'.[152]

> Von Sindbad keine Spur. Und außer ihm fehlten sein Fressnapf, die Wasserschüssel, das Hundefutter und auch seine Schlafdecke unter dem Schreibtisch war nicht mehr da. So als ob er niemals bei ihm auf der Insel gewesen wäre. Doch das hatte Viktor in seiner Aufregung alles noch gar nicht bemerkt.[153]

---

150 Nusser, Peter: Der Kriminalroman. S. 59.
151 Fitzek, Sebastian: Die Therapie. S. 122.
152 Ebd.. S. 57.
153 Ebd.. S. 127.

Der Rezipient soll nicht von Beginn an wissen, was Larenz in seinem Krankenbett bereits weiß: Parkum ist eine Illusion. Daher entschied sich Fitzek, die Binnenerzählung auf Parkum von Larenz als *homodiegetische* Erzählung präsentieren zu lassen. Damit aber der Rezipient die *Textualitätskriterien* Informationalität weiter als gegeben sieht, muss die *Erzählerinstanz* satzweise wechseln und „Informationsbrocken" präsentieren. Der Leser erfährt so zum Beispiel vor Larenz, dass der Hund verschwunden ist. Dies müssen *auktoriale* Kommentare der *Erzählerinstanz* sein, denn sie finden im Rücken der Figur statt, liegen also außerhalb ihrer Perspektive.

Fitzek wechselt zudem, wenn es in der *Narrationstheorie* um das Muster der *Stimme* geht, die *Ebene des Erzählens* beständig. Der Erzähler im Krankenhaus ist dabei der klassische Rahmenerzähler auf der *extradiegetischen Ebene*. Hier gibt es keine Einordnungsprobleme. Der Großteil des Thrillers findet aber auf Parkum und damit auf Larenz' *intradiegetischer Ebene* statt. Er ist in diesem Moment jene Figur, die selbst eine Geschichte in der Geschichte erzählt. Bis auf die wenigen *heterodiegetischen* Erzählerkommentare erlebt der Rezipient im Parkum-Szenario so die Umkehrung von etwas, was für fiktionale Texte typisch ist. Es bestehen oft

> Diskrepanzen zwischen der Perspektive des Erzählers bzw. der Figur und der des Lesers […], bei denen der Leser bald mehr weiß als der Erzähler bzw. die Figuren.[154]

Bei Fitzek wird dies ins Gegenteil verkehrt. Der Figur Larenz weiß auf der *extradiegetischen Ebene* mehr, lässt den Leser aber auf dem Wissenstand der *intradiegetischen Ebene* verbleiben. Das erhöht die Spannung bis zur Auflösung – im Grunde Auslöschung – der *intradiegetischen Ebene*. Wir haben hier das *narrative Muster* der *externen Fokalisierung*. Doch selbst die Gliederung in diese beiden Ebenen gelingt durch den gesamten Roman hindurch nicht vollständig. Fitzek schafft es, selbst innerhalb eines Kapitels die Ebenen zu vermischen. Der Prolog spielt in der realen Welt und damit auf der *extradiegetischen Ebene*. Larenz befindet sich in dieser Rückblende tatsächlich in der Praxis eines befreundeten Kollegen. Dennoch hat Larenz

---

154 Sowinski, Bernhard: Stilistik. Stiltheorien und Stilanalysen. S. 87.

auch hier offenbar unklare Momente, in denen er in seine Illusion und damit auf die *intradiegetische Ebene* flieht. Er bildet sich ein, seine Tochter zu sehen:

> Sie hatte die Tür geöffnet, sich noch einmal kurz zu ihm umgedreht und war dann zu dem alten Mann hineingegangen..[155]

Josy ist jedoch, wie sich am Ende herausstellt, nicht etwa in dieser Praxis verschwunden, sondern wurde vom Vater zuvor fast ertränkt und dann von der Mutter ins Ausland verschleppt. Fitzek baut außerdem gegen Ende der Erzählung eine *metadiegetische Ebene* ein, als die Figur der Anna Spiegel unmittelbar vor dem Erwachen aus der Parkum-Illusion Larenz ein von ihr verfasstes Manuskript reicht. Darin hat sie die Erlebnisse von Charlotte und sich niedergeschrieben. Larenz liest somit innerhalb der Parkum-Binnenerzählung eine Geschichte, was eine *metadiegetische Ebene* entstehen lässt. Diesmal tritt aber weder ein *heterodiegetischer* noch ein *homodiegetischer Erzähler* auf, denn Anna berichtet aus der *Ich-Perspektive*. Somit wird das Geschehen wesentlich mittelbarer und steigert die Intensivität der beschriebenen Ereignisse. Der Einsatz dieser drei Ebenen und besonders die lange Ungewissheit des Rezipienten darüber, ob überhaupt eine *intradiegetische Ebene* besteht und Parkum irreal ist, macht einen Großteil der Spannung des Thrillers aus.

Beschäftigen wir uns nun mit der *Zeitstruktur*. Der Faktor *Zeit* spielt bei „Die Therapie" ohnehin eine besondere Rolle. Die formale Analyse hat bereits gezeigt, dass die *erzählte Zeit* insgesamt bedeutend kleiner ist als die *Erzählzeit*. Innerhalb der Erzählung schwankt das Verhältnis jedoch. Josy verschwand vor vier Jahren; wir erleben dies in einem Prolog, der als *Analepse* dient. Die dann beschriebenen Ereignisse auf Parkum dauern jedoch nur fünf Tage, was in insgesamt 52 Kapiteln beschrieben wird. Die übrigen sieben beschreiben das „Heute", also den *Zeitpunkt*, an dem Larenz seinem Arzt die Geschichte erzählt. Damit ist die *Erzählzeit* für den Parkum-Teil größer als die *erzählte Zeit*, die Szene im Krankenhaus aber vertauscht beide Faktoren. Die Ausführlichkeit, mit der die Parkum-Ereignisse beschrieben werden, führt auch zu Dehnungen. Die *erzählte Zeit* kommt zum Stillstand, wenn Gedanken oder Ortsbeschreibungen gegeben werden. Ein Beispiel:

---

[155] Ebd.. S. 7.

> Der >>Ankerhof<< war ein Bilderbuch-Gasthof, wie man ihn sich auf einer einsamen Nordseeinsel vorstellte. Direkt dem Jachthafen gegenüber gelegen, zählte das dreistöckige Fachwerkhaus zu den höchsten Gebäuden der Insel, wenn man mal vom Leuchtturm am Struder Eck absah. [sic!][156]

Während der Rezipient diese Informationen liest, vergeht in der eigentlichen Geschichte keine Zeit. Durch die Binnenerzählung kommt jedoch zumindest die *zeitliche Reihenfolge* des Erzählens in eine lineare Abfolge, was eher selten der Fall ist. Die Erzählungen von Parkum sind, vom Standpunkt der fiktiven Gegenwart aus betrachtet, eine große Rückblende, doch innerhalb dieser herrscht zeitliche Kontinuität. Auch die *zeitliche Frequenz* ist ein eindeutiges *singulatives Erzählen*. Larenz erzählt linear und ohne Wiederholung, was in seiner Scheinwelt geschah. Wir begegnen nur einer *Prolepse*, und zwar am Ende des 47. Kapitels:

> Wäre dies in dem Moment nicht geschehen, so hätte vielleicht alles noch eine andere Wendung genommen. Er hätte nicht laut vor Entsetzen geschrien, sondern stattdessen das scharrende Geräusch von draußen gehört. [...] Und vielleicht hätte er sich umgedreht und die Gefahr etwas früher kommen sehen. Vielleicht.[157]

Diese *Prolepse* basiert auf der Verwendung einer *auktorialen Erzählerinstanz*, die nur für diesen kurzen Absatz den *homodiegetischen* Erzähler ersetzt. Geschieht dies sonst nur, wenn Informationen an den Leser gegeben werden, so nutzt ihn Fitzek hier auf andere Weise. Er lässt ihn als *heterodiegetischen Erzähler* mit Außensicht eine mögliche Zukunft kreieren, die hätte eintreten können.

Wechseln wir zum *Erzählmodus* und fragen, wie mittel- oder unmittelbar erzählt wird. Man bemerkt bei der Binnenerzählung deutlich, mit welcher großen inneren *Distanz* Larenz seine Geschichte berichtet, denn Fitzek entscheidet sich nicht für die *Ich-Perspektive* und wählt weitgehend den narrativen Modus. Man trifft also immer wieder auf Erzählerbeschreibungen und Dialoge mit verba dicendi. Der Anteil der Figurenrede entspricht demnach dem des narrativen Modus, sowohl auf der *extradiegetischen Ebene* im Krankenhaus, als auch während der Parkum-Erzählung. Die *Distanz* wird nur an solchen Stellen auf ein Minimun reduziert, wenn in einem Moment großer Spannung, neue Informationen in einem Dialog gegeben werden. Ein Beispiel:

---

156 Ebd..S. 254.
157 Ebd.. S. 266.

'Was meinen Sie damit?'
'Anna Spiegel war meine Patientin. Ich wollte sie erst gar nicht annehmen, aber sie kam ja auf Empfehlung.'
'Ist sie schizophren?'
'Ist es das, was sie Ihnen erzählt hat?'
'Ja.'
'Das ist ihre Masche, wenn ich das so salopp sagen darf.'
'Dann ist sie gar nicht krank?'
'Doch, doch. Sehr sogar. Aber sie ist nicht schizophren. Fast im Gegenteil. Ihre Krankheit besteht darin, dass sie *behauptet*, sie wäre es.'
'Das verstehe ich nicht.'
'Hat sie Ihnen die Geschichte von dem Hund erzählt, den sie erschlagen hat?'
'Ja, Terry. Sie sagte, es wäre ihre erste Vision gewesen.'[158]

Der Dialog setzt sich noch über neun Zeilen fort. Hier wird die Emotionalität beim Lesen nicht nur durch die neu gewonnenen Informationen erzeugt, sondern zusätzlich durch die szenische Darstellung des *dramatischen Modus*. Dieses unmittelbare Erzählen löscht jede *Distanz* vorübergehend aus. Auch bei der Ebene der *Fokalisierung* entscheidet sich Fitzek hauptsächlich für die Ferne. Wir fragen hier narrationstheoretisch danach, aus welcher *Sicht* erzählt wird. Man möchte intuitiv annehmen, dass eine *interne Fokalisierung* vorliegt, denn Larenz tut auf psychologischer Ebene bei seiner Binnenerzählung genau dies: Er fokalisiert seine innere Welt. Doch Fitzek gibt sich beim Vermitteln der Geschichte einen anderen Standpunkt. Wir haben im theoretischen Teil festgehalten, dass nur der *auktoriale Erzähler* eine *Nullfokalisierung* besitzen kann, da er nicht Teil der Figurenwelt ist und folglich in Vogelperspektive darüber schwebt. Im Krankenhaus selbst trifft dies zu, doch für Parkum besteht wieder einmal durch linguistische Variationen Fitzeks' ein Einordnungsproblem. Im Grunde nutzt er an dieser Stelle, wo eine *interne Fokalisierung* angebracht wäre, vielmehr im beständigen Wechsel jede Art der *Fokalisierung*. Ich versuche dies an einigen Beispielen zu zeigen. Bei *auktorialen* Passagen wie weiter oben zitiert erleben wir die *Nullfokalisierung;* dort ist sie angebracht. In jedem anderen Moment, wenn der *homodiegetische* Erzähler spricht, sollte dagegen eine *interne Fokalisierung* vorzufinden sein. Dem ist jedoch nicht so. Es muss bedacht werden, dass dem gesamten Parkum-Szenarium im Grunde eine *externe Fokalisierung* zugrunde liegt. Der Erzähler zeigt dabei deutlich, dass er weniger sagt,

---

158 Ebd.. S. 240 f..

als es sein Wissen ermöglichte. Von der *extradiegetischen Ebene* des Krankenhauses aus betrachtet, geschieht dies im Grunde die gesamte Zeit über, denn Larenz hat alles Wissen über die *intradiegetische Ebene* Parkums und gibt dieses Wissen nicht weiter.

Zuletzt wird in der *Narrationstheorie* das Muster der *Stimme* thematisiert. Den *Ort des Erzählens* haben wir bei der Betrachtung der zwei Erzählebenen (Krankenhaus und Parkum) bereits zum Verständnis der übrigen Muster behandeln müssen. Der *Zeitpunkt des Erzählens* (ebenfalls Teil der *Stimme*) ist im Grunde ebenso bereits klar geworden. Es handelt sich um ein *spätes Erzählen* auf der *extradiegetischen Ebene*, da Larenz seinem Arzt rückwirkend von seinen Erlebnissen in der Scheinwelt und dem Aufwachen daraus berichtet. Daher kommt auch durchgehend das epische Präteritum zum Einsatz. Allerdings wird auch auf der *intradiegetischen Ebene* damit gearbeitet.

Fassen wir also zusammen: Fitzek arbeitet sehr überlegt mit den Narrationsmitteln von *Zeitstruktur*, *Erzählmodus* und *Stimme*. Dadurch erzeugt er sowohl Verwirrung als auch Neugier beim Rezipienten. Zudem durchbricht er auf gewisse Weise bei der Frage nach der *Erzählerinstanz* das Dogma, dass keine „Identität zwischen dem Autor, dem Erzähler und dem Protagonisten"[159] bestehen dürfe. Die Erzähler können so auch ihre Funktion besonders vielschichtig erfüllen,

> die Funktion, zu erzählen (im *textlinguistischen* Sinne), d.h. eine Dramaturgie zu verfolgen, unterhaltend zu sprechen, Wertungen zu vollziehen.[160]

---

159 Lejeune, Philippe: Der autobiographische Pakt. S. 15.
160 Burger, Harald: Mediensprache. S. 292.

8. „Ich war tot" – Linguistische Stilanalyse ausgewählter Aspekte

8.1 Stilmittel der Wortebene

Auch wenn es zweifellos auf *mikro-* und *makrostilistischer* Ebene Epochenstile gibt, die sogar statistisch erhoben und durch distinktive Merkmale beschrieben sind, ergibt die Anwendung eines Personalstils bedeutend mehr Sinn, wenn es alle Eigenheiten eines Textes zu erfassen gilt; auch jene, die durch das *Gruppenstil*-Schema unbemerkt hindurchfallen würden. Am sinnvollsten erscheint mir eine Mischform aus beiden. Fitzek besitzt einen *Individualstil*, der zu beschreiben ist, sein Stil richtet sich aber auch nach den Anforderungen, die der *Gruppenstil* der Kriminal- und Horror-Erzählung von ihm fordert. Zum Beispiel erwartet der Rezipient einen sich aufbauenden Spannungsbogen, offene Fragen und Überraschungen. Der Stil des Autors muss diese Bedingung erfüllen, sonst würden wir den Stil als „nicht gelungen" abweisen. Ich gedenke hier aber keine Stilwertung vorzunehmen. Ob Fitzek einen „guten" oder einen „schlechten" Stil vorlegt, wage ich nicht zu beurteilen. Ich gedenke jedoch im Fazit anzumerken, ob der Stil die Kriterien wie Spannung etc. zu erzeugen vermochte. Doch beginnen wir die stilistische Untersuchung nun mit der Ebene unter der Wortebene.

Fitzek arbeitet gezielt mit der Kursivschreibung. Er beginnt im ersten Kapitel mit diesem Stilmittel, indem er den Satz

Was geht hier vor?[161]

kursiv setzt. Im weiteren Verlauf der Geschichte erschließt sich dem Rezipienten aus dem Kontext, dass jeder Kursivsatz einen Gedanken des Protagonisten anzeigt. Dieses Stilmittel zieht sich kontinuierlich durch alle Kapitel. Manchmal ergänzt Larenz auch Gesprächsteile in Gedanken, äußert diese jedoch nicht laut, was allein durch die typografische Gestaltung deutlich wird und verba dicendi überflüssig macht:

Anna sah ihn fragend an.
'Ist das für meine Therapie wichtig?'
Nein. Aber für meine.

---

161 Fitzek, Sebastian: Die Therapie. S. 9.

> 'Ja', log er.[162]

Fitzek nutzt die Kursivsetzung allerdings auch noch auf eine zweite Art. Er setzt nur einzelne Wörter innerhalb der Erzählerbeschreibungen kursiv und erzeugt damit eine stilitische Signalwirkung. Eindrucksvoll ist das folgende Beispiel:

> Wer immer auf sich aufmerksam machen wollte, stand nicht mehr vor der Tür. Er war bereits *im* Haus.[163]

Die besondere Betonung des Aufenthaltsortes der Person durch die Kursivschrift verdeutlicht außersprachlich die Gefahr, die offenbar von dieser Person ausgeht. Eine zweite typografische Besonderheit, die den Stil beeinflusst, ist die Großschreibung ganzer Wörter. Auch dadurch erreicht Fitzek eine Signalwirkung, ohne sich weiterer Stilmittel bedienen zu müssen.

> 'Suchen Sie mich nicht. Ich werde SIE finden.'[164]

erzeugt Spannung beim Rezipienten, indem der Sprechende (in diesem Fall Anna Spiegel) mit Nachdruck seine Aktivität betont. Anna muss nicht gesucht werden, sondern sie ist es, die Larenz aufsucht und damit die Situation dominiert. Auch die Interpunktion nutzt Fitzek auf zweifache Weise. Immer wieder greift er zum Setzen von drei Punkten („..."). Zum einen zeigt er damit die klassische semantische Aussparung an, die beim Abbruch eines Gedankes, oder Gesprächs auftritt.

> 'Sie stören nicht, nein, Sie haben mich zu Tode erschreckt!'
> 'Das tut mir...'
> 'Und Sie lügen auch', schnitt Viktor ihr das Wort ab [...].[165]

Er setzt diese Auslassungszeichen aber beispielsweise auch dann ein, wenn ein Telefongespräch aus technischen Gründen (hier ein Funkloch) eine Unterbrechung erfährt.

---

162 Ebd.. S. 98.
163 Ebd.. S. 33.
164 Ebd.. S. 248.
165 Ebd.. S. 35.

> 'Anna, wo sind Sie?'
> '…ich…Anker…'[166]

Neben dem Anzeigen einer semantischen Lücke gibt es beim Autor noch eine zweite Funktion dieser Zeichensetzung. Ein Satz aus Larenz Gedanken, daher auch von Fitzek kursiv gesetzt, lautet:

> *Vor mir stand… ich selbst!*[167]

Damit zeigt Fitzek keine Leerstelle an, sondern setzt die drei Punkte um eine Pause zu markieren. Ein viertes Stilmittel, das sich unter der eigentlichen Wortebene findet, ist das bewusste Schalten von Absätzen beziehungsweise Leerzeilen. Absätze werden bei Fitzek nicht immer in ihrer normalen Funktion genutzt, sprich, er kennzeichnet damit nicht zwingend das Ende eines Sinnzusammenhanges und den Beginn eines neuen Gedankens.

> Viktor wischte sich die dicken Regentropfen aus seinem Gesicht und schirmte die Augen mit der flachen Hand in Stirnhöhe ab.
> Da.
> Er hatte sich nicht getäuscht."[168]

Der Lokalpartikel „da" wird nicht nur durch das *Elliptische* seiner Stellung betont, sondern zusätzlich durch die Einfügung zweier Absätze, einmal vor und einmal nach seiner Nennung. So wird dem Rezipienten die Wichtigkeit dieser Ortsangabe allein durch dieses *stilistische* Mittel kommuniziert. Ein anderes Beispiel, das wiederum die Verwendung und Wirkung der Leerzeile verdeutlicht:

> 'Weil das Gasthaus von Trudi seit Wochen geschlossen ist. Der <Ankerhof> ist zu. Da wohnt keiner mehr.'
>
> Und dann war die Leitung tot.[169]

Hier spricht der Bürgermeister der Insel Parkum am Telefon zu Larenz. Die Leerzeile erzwingt beim Lesen eine Pause, denn die Augen müssen nicht nur bei einem neuen Absatz beginnen, sondern eine komplette Zeile tiefer gehen. So verlängert sich

---

166 Ebd.. S. 247.
167 Ebd.. S. 300.
168 Ebd.. S. 250.
169 Ebd.. S. 228.

automatisch die *Erzählzeit* und Fitzek kann so den Spannungsmoment in dieser Szene in jenem Augenblick vergrößern. Anders ausgedrückt: Wir realisieren gemeinsam mit dem Protagonisten am Telefon in einer Denkpause, was die Information des Bürgermeisters eigentlich bedeutet. Anna Spiegel muss gelogen haben, als sie angab, sie wohne im Ankerhof. Während diese Erkenntnis durch die Leerzeile vermittelt wird und man daraufhin eine Wendung des Gesprächs erwartet, erkennt man just, dass es unterbrochen wurde.

Neben diesen vier sehr aussagekräftigen Stilistika, lassen sich auf der Wortebene weitere Stilelemente finden. Die Tatsache, dass Larenz Arzt ist und seine Tochter (zumindest in seiner Vorstellung) eine unbekannte Krankheit hatte, siedelt die Geschichte thematisch im Bereich der Medizin an. Da die Lektüre aber auch für ein Zielpublikum jenseits der Medizin gedacht ist, muss Fitzek zur Erfüllung der *Textualitätskriterien* der *Akzeptabilität* und der *Infomationalität* darauf bedacht sein, relativ wenig Fachvokabular zu verwenden oder aber bei seiner Benutzung die Begriffe zu erklären. Der Umfang des medizinischen Fachvokabulars hält sich so weit in Grenzen, dass ich hier alle vorkommenden Fachbegriffe der Medizin benennen kann: Schizophrenie als vermutete Krankheit bei Anna Spiegel wird mehrfach genannt; dazu kommt die Todesursache ihres Vaters, die mit Thrombose angegeben wird. Der Schlüssel zur Aufklärung aller Ereignisse ist das Münchhausener-Stellvertreter-Syndrom, das natürlich auch von Fitzek genannt werden muss. Dabei lässt Fitzek den Psychiater selbst erklären, worum es sich bei dieser Krankhet handelt. Er erläutert sie seinem Freund Kai am Telefon, sodass der Rezipient auf diesem Wege die nötigen Erläuterungen erhält. Weitere Begriffe aus der Medizin finden nur noch in Form vom Medikamenten Eingang in den Text. Die bekannte Arznei Penicillin nennt Anna Spiegel ohne weitere Erklärungen; Larenz benutzt einmal Valium-Tabletten und außerdem Aspirin plus C. Da diese Medikamentennamen, ebenso wie Paracetamol in die Alltagssprache eingegangen sind, ist die Aussparung von Erläuterungen angemessen. Ferner nutzt der Psychiater „Kamillosan-Halsspray"[170], wobei sich Kamillosan durch den Zusatz des Wortes „Halsspray" als Medikament gegen Schmerzen und Entzündungen im Rachen zu erkennen gibt. Folgende drei Medikamente muss Fitzek durch den Kontext erklären:

---

170 Ebd.. S. 184.

> Es war morgens halb fünf, als er sich mit zwei Tylenol und einem Aktren stärkte.[171]
>
> Normalerweise nahm Viktor bei diesen Warnsignalen seines Körpers lieber gleich zwei Katadolon.[172]

Hier erkennt der Leser ohne medizinische Ausbildung nur durch den Kontext, dass es sich um Medikamente handeln muss. Doch bis auf diese überschaubaren Ausnahmen lässt Fitzek seine Protagonisten im Interesse der Zielgruppe sonst ausschließlich den aktiven Wortschatz nutzen, den ein Mensch mit durchschnittlicher Schulbildung besitzt. Hieran erkennt man zudem, dass die stilistische Auffälligkeit eines Wortes auch maßgeblich dadurch bestimmt wird, wie häufig oder wie selten es auftritt (beide Maxima sind auffälliger als eine durchschnittliche Verwendung) und ob es zum Wortschatz der angesprochenen Rezipienten passt.

Bei der Betrachtung der Stilmittel der Wortebene werde ich die Wortarten jetzt nur streifen. Ich verweise in diesem Zusammenhang lediglich auf eine stilistische Besonderheit bei Fitzek. Die Verwendungsweise der *Verben* zeigt deutlich, dass er bei unregelmäßigen *Verben* auch dann die Vokale des Verbstammes tauscht, wenn diese Formen inzwischen nach dem Duden auch schwach konjugiert werden dürfen. So schreibt er zum Beispiel:

> 'Ich wollte wissen, wer mir die Katze zugesandt hat.'[173]

Diese „altmodische" Konjugation deutet einen gehobeneren Sprachstil an. Verbleiben wir noch einen Moment bei den *Verben* und betrachten jenen Absatz, dessen Einleitungssatz als Titel dient.

> „Ich war tot. Zwar atmete ich noch, ich trank auch und aß hin und wieder. Und ich schlief manchmal sogar ein bis zwei Stunden. Aber ich existierte nicht mehr. Ich starb an dem Tag, an dem Josephine verschwand."[174]

Auch hier arbeitet Fitzek stilistisch mit der Konjugation. Todsein impliziert eine klare semantische Botschaft: Das tote Lebewesen kann nicht mehr agieren und nicht mehr über sich selbst reflektieren. Fitzek lässt jedoch den Protagonisten die Äußerung

---

171 Ebd.. S. 219.
172 Ebd.. S. 69.
173 Ebd.. S. 256.
174 Ebd.. S. 29.

machen, er sei tot gewesen. Durch das *Tempus* kommt es so zu einer Verletzung der Logik. Das *Tempus* bewirkt in diesem Fall, dass etwas vom Standpunkt der Gegenwart aus als vergangen wahrgenommen wird. Die groteske Wirkung wird noch verstärkt, indem das Subjekt „ich" verwendet wird. Die Aussage „Ich war tot" ist nicht logisch, wenn der „Tote" selbst sie äußert. Meines Erachtens liegt hier ein ganz besonderer Fall einer *Metapher* vor. Die wörtliche Interpretation stellt sich als widersprüchlich heraus, also muss der Rezipient diese Ebene verlassen und nach der übertragenden Bedeutung suchen. Der wahre semantische Inhalt stellt sich für mich nun als eine *Metapher* für eine Depression des Protagonisten dar. Dieser umschreibt eine innere Leere; nutzt dabei eine *hyperbolische Stilfärbung*.

Damit sind wir bereits bei konkreten *Tropen* wie den *Metaphern* und fragen auch nach den *Stilschichten* der Wortarten. Fitzek bewegt sich nicht durchgängig in einer *Stilschicht*. Der Großteil des Romans ist zwar durchaus auf der normalsprachliche Ebene angesiedelt, doch finden die vertrauten Gespräche der Freunde Larenz und Kai umgangssprachlich statt:

> 'Es ist euer Wochenendhaus. Der Bungalow in Sacrow. Irgendein Penner hat die Scheibe von der hinteren Eingangstür eingeworfen.'[175]

Zudem äußert sich Larenz gegen Ende der Geschichte mit zunehmender Angst und Erregung auch vulgär:

> *Wo ist der verdammte Lichtschalter?*[176]

> 'Ich wollte dich nicht anschnauzen.'[177]

Gerade negativ *konnotierte* Ausdrücke, die zum Fluchen verwendet werden, transportieren starke Emotionen. Fitzek macht sich diese Sprachwirkung hier deutlich zunutze, indem er den Hauptteil seines Textes auf einer normalsprachlichen Stilebene belässt und in Szenen, die emotionalisierend wirken sollen, vulgäre Ausdrücke einbaut.

---

175 Ebd.. S. 108.
176 Ebd.. S. 216.
177 Ebd.. S. 104.

Wenden wir uns nun noch einigen weiteren *Tropen* zu. Die *Metaphern* wurden bereits thematisiert. Ein häufiger *Sprungtropus* bei Fitzek ist die *Personifizierung*. Dieses Stilmittel nutzt er zum Beispie wie folgt:

> Die Wahrheit war bereits deutlich sichtbar. Sie lag verzweifelt vor ihm, wie ein Ertrinkender, den nur eine dünne Eisschicht von den helfenden Händen seiner Retter trennte. Doch Viktor Larenz war noch nicht bereit, sie zu durchstoßen. Noch nicht.[178]

Hier ist es die „Wahrheit", ein Abstraktum, das nicht belebt sein kann, da es keine Physis besitzt, der Eigenschaften zugeschrieben werden, die Leben voraussetzen. Dabei arbeitet Fitzek nicht nur mit klassischen *Personifizierungen*, er gibt der Wahrheit direkt einen menschlichen Körper, indem er sie mit einem „Ertrinkenden" gleichsetzt. Er baut die *Personifizierung* also auf einem Vergleich auf. Aus der Gruppe der *Grenzverschiebungstropen* möchte ich zwei Beispiele geben:

> Anna presste die Lippen zusammen und imitierte die flüsternde Stimme eines kleinen Mädchens: 'Ich werde dir jetzt zeigen, wo meine Krankheit wohnt.'
> 'Wo die Krankheit *wohnt*?', fragte Larenz.
> 'So hat sie sich ausgedrückt.' [sic!][179]

Hierbei handelt es sich um eine *Periphrase*. Die bis zu diesem Zeitpunkt der Handlung noch nicht näher thematisierte „Krankheit" scheint von Charlotte (respektive Josy) zunächst wieder personifiziert zu werden. Zwar werden Erkrankungen häufig von Mikroorganismen wie Bakterien ausgelöst, die tatsächlich leben, aber der Begriff „wohnen" wird bei Erregern nicht verwendet und wirkt daher personifizierend. Es liegt jedoch, wie man aus dem späteren Kontext schließen kann, ein anderes Stilmittel vor, denn was das Kind als *Krankheit* bezeichnet, ist ihr eigener Vater, der sie durch seine Zwangshandlungen krank gemacht hat. Und nun sehen wir, dass eine *Periphrase* vorliegt; das Mädchen umschreibt das außersprachliche Faktum, indem sie eine solche verwendet.

Ein anderer *Tropus* dieser Kategorie findet sich bei Fitzek in der Form der *Hyperbel*. Des Öfteren nutzt er Formulierungen wie

---

178 Ebd.. S. 132.
179 Ebd.. S. 134.

Zu Tode erschrocken[180]

Auch wenn dieser Ausdruck durch starken Gebrauch inzwischen die Gestalt einer Phrase angenommen hat, so handelt es sich im Prinzip noch immer um eine *Übertreibung*.

8.2. Stilmittel des Satzbaus

Beginnen wir mit der nachempfundenen Mündlichkeit, die Fitzek in Dialogen konstruiert. In der mündlichen Kommuniktion wird eine direkte *Verb*stellung bevorzugt. Es kommt einfach aus Gründen der Kognition seltener zu ausschweifenden Umklammerung von Satzgliedern. Fitzek versucht, diese Kriterien einzuhalten und seine Roman-Dialoge so authentisch zu gestalten:

'Mach ich. Danke.'[181]

Hier wird die Oralität auf dreifache Weise nachgeahmt. Zum einen ist die weggelassene Endung -e in der konjugierten Form des *Verbs* „machen" auffällig. Auch die stark elliptische Ausdrucksweise fällt im gewählten Beispiel auf. Hier fehlt nicht nur eine Satzgliedumklammerung; man kann im Grunde kaum noch von Sätzen sprechen, wenn sich der *Satzumfang* auf ein, beziehungsweise zwei Worte beschränkt. *Aposiopesen* in Form von *elliptischen* Äußerungen sind in der Mündlichkeit sehr oft anzutreffen. Das dritte Kriterium manifestiert sich in der Kontextgebundenheit. Oralität ist stets an eine außersprachliche Situation gebunden. Die Beziehung der Gesprächspartner, die gegebene Situation und das Thema sind fix. In diesem Beispiel muss zuvor deutlich geworden sein, was genau der Sprecher tun wird und wofür er sich bedankt. *Aposiopesen*, in Form von *elliptischen* Äußerungen treten bei Fitzek vermehrt auf.

---

180 Ebd.. S. 215.
181 Ebd.. S. 62.

> 'Ich habe geblutet. Und Mami will nicht, dass ich blute. Ich soll ihr kleines Kind bleiben. Soll nicht groß werden und ihr Ärger machen.'[182]

Im letzten Satz wurde das Subjekt „ich" ausgelassen, während es zuvor dreimal verwendet wurde. Wir hatten festgehalten, dass ein Auslassen bewirken kann, dass die vorhandenen Ausdrücke, oder aber das weggelassene Satzglied besonders gewichtet erscheinen. Hier ist Letzteres der Fall, denn die dreimalige Nennung und die dann auftretende Leerstelle bewirken eine Spannungskonzentration, die auf das „Ich" ausgerichtet ist, in diesem Falle auf Josy. Ein ganz anderes Stilmittel findet sich in dieser direkten Wendung von Anna an Larenz:

> 'Hilf mir!' Zwei Wörter. Und das Erste, was Viktor durch den Kopf schoss, war die triviale Feststellung, dass Anna ihn zum ersten Mal geduzt hatte.[183]

Die Frage ist, ob diese Feststellung wirklich so trivial ist. Ich gehe vielmehr davon aus, dass sich hier auf sprachlicher Ebene zeigt, wie sich eine unmittelbare Annäherung zwischen Anna und Larenz vollzieht. Da sie im Grunde keine reale Person, sondern Teil seiner Scheinwelt ist, der ihn an die Wahrheit führen will, ist es eine Bewegung auf die Auflösung der Illusion hin. Die pronominalen Anredeformen basieren in der Neuzeit des Deutschen auf der zweiten Person Singular („duzen"), beziehungsweise auf der dritten Person Plural („siezen"). Bei Letzterer zeigt sich eine gewisse *Distanz* zwischen beiden Gesprächspartnern, die auf emotionalen Gründen oder einer unterschiedlichen gesellschaftlichen Stellung beruhen kann. Sprechen sich Menschen mit „du" an, geht man von einer sozialen Gleichstellung beziehungsweise eine engeren Bindung aus.[184] Während sich Anna Spiegel und Larenz bis zu diesem *Zeitpunkt* ausschließlich in der dritten Person Plural angesprochen haben, bricht die Patientin an dieser Stelle damit. Dies ist nicht nur eine grammatikalische Änderung, sondern sie dient als Stilmittel, um das Verhältnis beider Figuren zu intensivieren.

---

182 Ebd.. S. 286.
183 Ebd.. S. 210.
184 Die Forschungsliteratur hierzu ist umfangreich. Empfehlenswert ist „Besch, Werner: Duzen, Siezen, Titulieren. Zur Anrede im Deutschen heute und gestern". Es gibt aktuell einen Trend hin zum „Duzen", wobei selbst in Firmen sozial ungleiche Partner das „Du" verwenden.

Verlassen wir die direkte Rede und sehen uns Beispiele aus den narrativen Textpassagen an. Erzählelemente sind bei Fitzek eindeutig der schriftlichen Kommunikationsweise zuordbar. Achtet er bei der konstruierten Mündlichkeit im Dialog sehr auf die Verkürzung des *Satzumfanges* und auf einfache grammatikalische Konstruktionen, ist die übrige Textkomposition organisierter und folgt klaren *Entfaltung*smustern. Es zeigt sich im *Satzbau* und *Satzumfang* ein komplexerer Aufbau, der sowohl Unterordnungen als auch hypotaktische Einschübe besitzt. Fitzek arbeitet besonders häufig mit dem Stilmittel der *Ausklammerung*, das somit als besonderes Mittel seines *Individualstils* hervorzuheben ist. Eine Minimalverwendung von Satzgliedern geht bei ihm so weit, dass er an Stellen, an denen sich komplexere Satzgefüge anbieten würden, diese mit *Ausklammerungen* umgeht:

> Sie musste damit gerechnet haben. Denn sobald die Tür hinter ihr ins Schloss gefallen war, machte sie sich gar nicht erst die Mühe, ihre wahren Absichten zu verbergen.[185]

Wir sehen hier die im Theorieteil beschriebene Extremform der *Ausklammerung*: die *Isolierung*. Obwohl sie semantisch in den Hauptsatz gehört, nutzt Fitzek eine *Ausklammerung* hinter den Punkt. Anhänger der *normativen Stilistik* würden in dem Setzen des Punktes eine klare Abweichung sehen. Die Norm wäre es, beide Sätze mittels Komma zu verbinden und so einen langen Satz (über sieben Satzglieder) in Gestalt eines *Satzgefüges* zu konstruieren. Dieses Satzgefüge hätte die Gestalt: Hauptsatz – Nebensatz – Hauptsatz – Nebensatz. Fitzek scheint einen *einfachen Satzbau* jedoch zu präferieren, da die Spannung des Thrillers so verstärkt wird. Wir haben bereits festgehalten, dass kurze Sätze nicht nur einprägsamer sind, sondern die *Erzählzeit* verkürzt und somit die Spannung angehoben wird. Er gliedert „Sie musste damit gerechnet haben" also aus, um einen kurzen Satz zu erhalten. Die Konjunktion „denn" leitet dann einen neuen Satz ein, obwohl sie als Mittel der kausalen Satzverbindung hätte genutzt werden können und den Grund für das Verhalten im vorangegangenen Hauptsatz signalisiert hätte. Interessant ist im genannten Beispiel, dass die Verkürzung des *Satzumfanges* aber inkonsequent ist. Möchte Fitzek eine Reduktion der Satzglieder bewirken, so hätte er konsequent zwei getrennte Sätze bilden müssen. Das Ergebnis hätte gelautet:

---

[185] Fitzek, Sebastian: Die Therapie. S. 57.

> Sie musste damit gerechnet haben, sobald die Tür hinter ihr ins Schloss gefallen war. Sie machte sie sich gar nicht erst die Mühe, ihre wahren Absichten zu verbergen.

Hier hätten wir zwei Satzgefüge mit je einem untergeordneten Nebensatz anstelle eines kurzen Hauptsatzes und eines deutlich komplexeren Satzgefüges aus ausgeklammertem Nebensatz und einer weiteren Hauptsatz-Nebensatz-Konstruktion. Fitzek nutzt *Ausklammerungen* aber nicht nur für eine Reduktion des *Satzumfanges*, sondern wählt dieses Stilmittel auch, um schrittweise eine Spannungssteigerung zu erzielen.

> Er schloss wieder die Augen, und Dr. Roth lehnte sich zurück, um den Rest zu hören. Den Rest der Tragödie.[186]

Hier wird in der *Ausklammerung* noch eine weitere Information gegeben, nämlich die, dass der Rest der Geschichte ein „Tragödie" ist. Indem diese Aussage ausgeklammert wird, kommt es zu einer verstärkten Betonung dieses Aspektes der Gesichte. Ein weiteres und sehr eingängiges Beispiel:

> Als er in der Küche den Hörer abhob, wusste er, dass er etwas vergessen hatte. Etwas Wichtiges. Etwas, das ihn Annas Vertrauen kosten konnte. Die Münze. Vor dem Kamin.[187]

Hier signalisiert im Grunde jede Setzung des Punktes einen Anstieg der Spannung. Wir erhalten zunächst in einem Assertionssatz die Information, dass „er", d.h. Larenz, etwas vergessen hat. Danach wird in vier *Isolierungen* genauer beschrieben, was er vergessen hat. Dieses schrittweise Nachreichen der Aussage steigert die Aufmerksamkeit des Rezipienten für dieses Vergessen und seine eventuellen Folgen. Abschließend zu den Stilmitteln der Satzebene zeige ich zwei weitere ausgewählte *rhetorische Figuren*. Fitzek nutzt den *Parallelismus*, wie etwa im Satz:

> 'Sie wird uns finden. Und sie wird uns töten.'[188]

Beide Sätze weisen eine identische Struktur auf. Im zweiten Satz fällt lediglich die Konjunktion „und" aus diesem Schema. Die Wirkung dieses Stilmittels wird dadurch auf zweifache Weise verstärkend. Zum einen unterstreicht der *Parallelismus*, dass

---

186 Ebd.. S. 112.
187 Ebd.. S. 145.
188 Ebd.. S. 288.

beide Vorgänge („Suchen" und „Töten") gleichberechtigt sind. Das Suchen ist dabei eine bereits feststehende Tatsache. Indem das „Töten" parallel-, also gleichgesetzt wird, wird es auf eine ausschließlich stilistische und damit nonverbale Weise ebenfalls als Faktum präsentiert. Diese *Konnotation* wird allein durch das Stilmittel transportiert. Der Einschub der Konjunktion verstärkt den Zusammenhang beider Tätigkeiten zusätzlich.

Ein weiteres Satzstilmittel findet sich in der Form von *Anaphern*.

'Verdammter Sturm. Verdammte Insel.'[189]

Wir sehen eine Wortwiederholung am Anfang zweier direkt aufeinanderfolgender Sätze. Interessant ist hier, dass Fitzek für die emotionale Wirkung nicht einmal Ausrufezeichen benötigt. Die Wiederholung des an sich schon negativ konnotierten Wortes „verdammt" unterstreicht die negative Gemütsverfassung des Sprechers ausreichend.

8.3 Satzübergreifende Stilmittel

So wie bei den vorangegangenen Stilmitteln eine Auswahl getroffen werden musste, so beschränken wir uns auch hier auf satzübergreifende Stilistika, die in meinen Augen besonders eingängig sind. Wie oben bereits bemerkt wurde, fällt auch die Frage nach der *Textsorte* in den Zuständigkeitsbereich der *Makrostilistik*. In der Tat weisen der Analyseschritt „Textsortenbestimmung" aus der *Textlinguistik* und die satzübergreifende Stilanalyse große Überschneidungen auf. Ich habe die gemeinsamen Analysepunkte bewusst ausgegliedert und vorweggenommen, da die Bestimmung der *Textsorte* wichtig ist für weitere Schritte – auch im Bereich der *Narrationsanalyse*. Nun kann ich mich in diesem Kapitelabschnitt speziellen Erscheinungen der *Makrostilistik* bei Fitzek widmen.

Ich möchte die Nebenfigur Kai Strathmann, Larenz' besten Freund, betrachten. Dieser ist von Beruf Privatermittler und steht in telefonischem Kontakt zu Larenz. Er erfüllt die Anforderungen an eine „Watson-Figur": Er ordnet sich Larenz ganz klar unter,

---
189 Ebd.. S. 214.

indem er diesen nicht nur mit seinem Vornamen, sondern mit Anreden, wie „'Okay, Doktor'",[190] „'Zu Befehl'",[191] oder „'Du bist der Boss.'"[192] anspricht. Zudem bemerkt man aber auch die thrillertypische Funktion als Deus ex machina. Kai versucht, Larenz vor Anna zu retten, durch deren Therapie Larenz aus der Scheinwelt hinaustreten würde. Im Grunde könnte man den Detektiv als unterbewussten Schutzmechanismus bezeichnen. Ein Analysebeispiel:

> 'Okay, Doktor', fuhr der Privatdetektiv fort. 'Krankes Mädchen reißt von zu Hause aus. In Berlin. Bis dahin stimmen die Fakten meinetwegen noch überein. Aber dann?'[193]

Da beide sich in den meisten Dialogen beim Vornamen nennen, fällt die Anrede als „Doktor" besonders auf. In diesem konkreten Fall erkennt man durch die Einbeziehung der gesamten Textebene eine weitere stilistische Wirkung: Kai stellt durch die förmliche Anrede eine gewisse *Distanz* zwischen sich und Larenz her. Der Doktortitel wirkt hier weniger überhöhend und eher abweisend, da er im gleichen Dialogabschnitt seine Kritik an Larenz äußert. Dessen Hoffnung, Charlotte sei mehr als eine Wahnvorstellung seiner Patientin, sondern seine Tochter Josy, erscheint Kai krankhaft. Seine Rolle als Deus ex Machina zieht sich durch das gesamte Textkorpus. Ein weiteres Beispiel:

> 'Ich überprüfe Anna und check die Bänder. Aber ich will Dir keine große Hoffnung machen. Die Geschichten, die sie erzählt, klingen zwar interessant, aber sie haben zu große Brüche.'[194]

An diesem Textausschnitt erkennt man nicht nur, dass Kai die Bedrohung durch Anna abwenden und Larenz schützen will, sondern auch die Verbundenheit der beiden Männer. Er kümmert sich um das Abklären der Fakten. Auch wenn sonst auf semantischem Wege keine Freundschaftskundungen geäußert werden, gibt es weitere auf rein stilistischer Ebene in Form von satzübergreifenden Stilistika.

> 'Das heißt, dass ...'
> '... dass deine Patientin vielleicht krankt ist, aber garantiert nichts mit unserem Fall zu tun hat.'

---

190 Ebd.. S. 83.
191 Ebd.. S. 111.
192 Ebd.. S. 112.
193 Ebd.. S. 83.
194 Ebd.. S. 150.

> 'Josy ist kein Fall!'
> 'Entschuldige bitte. Selbstverständlich. Das war dumm von mir.'
> 'Schon gut, okay. Tut mir auch leid. Ich wollte dich nicht anschnauzen.'[195]

In diesem Ausschnitt lassen sich gleich mehrere stilistische Eigenschaften festhalten. Die ersten beiden Sätze sind grammatikalisch gesehen keine eigenen Satzkonstruktionen, sondern lassen sich theoretisch, würde man die Dopplung der Konjunktion „dass" vermeiden, zu einem Satzgefüge zusammenfassen. Fitzek deutet das durch das Setzen der drei Punkte an. Wir sehen dadurch, dass beide Dialogpartner einander ergänzen – gezeigt auf der Textebene und übertragbar auf die Beziehungsebene. Des Weiteren reagiert Larenz auf Kais Wortwahl („„Fall" als Bezeichnung für seine Tochter) überempfindlich. Das bedroht die Harmonie und die Funktion der Freundschaft, daher lenkt Kai sofort ein und entschuldigt sich. Das „selbstverständlich" wird dabei von Fitzek ausgeklammert, um durch diese *Isolierung* einmal mehr verstärkende Wirkung zu erzielen. Das sofortige Einlenken von Larenz zeigt auch dessen Interesse an einer Konfliktvermeidung. Zudem nutzen beide eine umgangsprachliche Ausdrucksweise, die für Vertrautheit spricht. Das *Verb* „anschnauzen" verlässt dabei die normalsprachliche Stilschicht und wechselt ins Vulgäre. Der Protagonist kann also seine wahren Emotionen direkt benennen, ohne gesellschaftliche Sanktionen für einen unangemessenen Sprachgebrauch fürchten zu müssen. Der Dialog mit dem Freund findet in einem intimen Kontext statt, wobei dafür die *Kontaktfunktion* zu Beginn eines Gespräches oft ausgelassen wird. Diese Funktion wurde bereits bei der formalen Analyse im Zuge der Betrachtung der *Textfunktionen* erwähnt; sie ist aber gerade in dem hier vorliegenden Kontext ein besonders aussagekräftiges Stilmerkmal und wird noch einmal in einem Beispiel aus dem Gespräch der beiden Männer aufgegriffen.

> Er nahm den Telefonhörer in der Küche ab. 'Na endlich. Hör mir zu, es ist etwas Unglaubliches passiert!', begann Kai ungeduldig das Gespräch.[196]

Bei Gesprächspartnern ohne freundschaftliche Basis wären durch diese Gesprächseröffnung die Höflichkeitsregeln verletzt worden. Da es unter sich nahe stehenden Personen aber oft zu solchen unvermittelten Gesprächen kommt, kann Fitzek

---
195 Ebd.. S. 104.
196 Ebd.. S. 193.

durch Auslassen der *Kontaktfunktion* die Freundschaft beider Figuren stilistisch noch einmal hervorheben.

Ein weiteres satzübergreifendes Stilmittel entsteht durch die Figur der Anna Spiegel. In Anna finden wir eine *Allegorie*, die nicht auf der Wortebene entsteht, sondern sich in der Textebene entfaltet. Der *Sprungtropus* entsteht aus der abstrakten Tatsache, dass sie ein Teil von Larenz' Psyche ist. Innerhalb des Parkum-Szenarios überträgt er seine eigenen Probleme auf diese erfundene Person und diese Übertragung wird durch ihren Namen allegorisch verschlüsselt. „Anna" ist ein klassisches Beispiel für eine Personenbezeichnung, die unabhängig von der Leserichtung immer gleich lautet. Der Nachname „Spiegel" ist darüber hinaus eine *Allegorie* dafür, dass Larenz bei der Therapie dieser Frau sich selbst therapiert – also in einen Spiegel blickt. Sie weist seine Krankheiten, Schizophrenie und das Münchhausener-Stellvertreter-Syndrom, auf und wird als ausgegliederter Teil seiner Persönlichkeit in einer Selbsttherapie behandelt. Somit wird nicht nur ein Textabschnitt, sondern der gesamte Textkorpus durch diese *Allegorie* mit zwei Bedeutungsschichten versehen. Fitzek arbeitet häufig auf diese Weise. Er beschreibt auch Naturereignisse, die für sich genommen nicht *allegorisch* verstanden werden würden, aber in den Textkontext eingeordnet eine weitere Bedeutungsebene bekommen:

> Ein Blitz über dem Meer erhellte hinter dem Haus für einen Moment die Umgebung. Kurz darauf folgte das obligatorische Donnergrollen. Das Unwetter kam näher.[197]

Für sich genommen, bilden die Sätze eine reine Naturbeschreibung. Sehen wir es aber als satzübergreifendes Stilmittel im Thrillerkontext, so entdecken wir, dass Fitzek eine *Allegorie* verwendet, die auf die Geschehnisse in Larenz' Scheinwelt verweist. Das Unwetter beginnt die Insel Parkum, seine Illusion, zu bedrohen. Der Blitz, der Helligkeit bringt, steht dabei vermutlich für den Einsatz der (Selbst-)Therapie, die zu diesem *Zeitpunkt* begonnen hat. „Für einen Moment" wird die nähere Umgebung sichtbar, was allegorisch für die langsam sichtbar werdende Wahrheit stehen könnte. Die Wortwahl „Unwetter" sorgt zeitgleich aber für eine negative *Konnotation*. Dies ergibt insofern Sinn, als Larenz die Therapie und das damit verbundene Erwachen aus der Illusion fürchtet.

---

[197] Ebd.. S. 71.

Wenden wir uns für ein drittes Stilmittel noch einmal vom *Individualstil* ab. Fitzek hat sich für die *Textsorte* des Psychothrillers entschieden, dies benennt er namentlich auf dem Cover des Romans. Ich streife daher auch die Frage, ob er die Stilprinzipien einhält, die das Genre von ihm verlangt. Nach diesem Kriterium schließlich bewertet der Rezipient die stilistische Umsetzung (und sei es nur unbewusst). Fitzek erfüllt diese Ansprüche an Kriminal- und Horror-Erzählung, was mit diesem Beispiel belegt sei:

> Ich war ein kleines achtjähriges Mädchen mit dem Zorn und der Kraft einer Besessenen. Irgendwann, nach dem zehnten Schlag vielleicht, war Terrys Rückgrat gebrochen, und er konnte sich nicht mehr rühren. Er schrie entsetzlich vor Schmerzen, doch ich hämmerte weiter auf ihn ein, bis das Blut aus seinem Maul kam und er schließlich nur noch ein Klumpen Fleisch war, aus dem ich jegliches Leben herausgeprügelt habe.[198]

Besehen wir uns den Textausschnitt im Detail. Im ersten Satz werden Geschlecht und Alter genannt. Der Zusatz „kleines" unterstreicht dabei, was man im Allgemeinen mit einem jungen Mädchen assoziiert: Eigenschaften wie Liebenswürdigkeit und Unschuld. Die Sozialisation der meisten Menschen ist auf diesen Blickwinkel ausgerichtet. Darum gelten Kinder auch als gern verwendetes Horrorelement, indem diese Sichtweise pervertiert und so eine Atmosphäre des Horrors kreiert wird. Zu betonen, dass Anna ein „kleines achtjähriges Mädchen" war schafft damit den gewünschten Kontrast zu der grausamen Tiertötung, die sie im Weiteren beschreibt. Sich selbst mit dem Zustand einer „Besessenen" zu vergleichen, schafft dabei sogar noch einen *intertextuellen* Bezug zu dem Horrorgenre mit Kindern in den Hauptrollen von Klassikern wie „Der Exozist". Die Worte „Zorn", „Schlag", „Schmerzen" und „Blut" tragen im Textzusammenhang Konnotationen der Gewalttätigkeit des Vorgangs. Der Eindruck, dass etwas Grausames sehr intensiv beschrieben wird, stellt sich nur ein, weil diese negativ *konnontierten* Worte so gehäuft in einem relativ kurzen Textabschnitt auftreten. Eine besondere stilistische Wirkung entsteht zudem durch das semantische Paar „hämmerte" und „Klumpen Fleisch". Dieses Paar weckt bei vielen Rezipienten Assoziationen mit dem Berufsbild des Metzgers. Der Hund Terry wird damit von Anna entmenschlicht (beziehungsweise treffender entseelt"). Fitzek hält sich also an Stilprinzipien, die Rezipienten an einen Horror-Roman respektive eine Thriller stellen.

---

198 Ebd... S. 53.

Abschließend für die Stilanalyse möchte ich den letzten Satz zitieren, der die Auflösung des Pakum-Szenarios und damit die Auslöschung der Scheinwelt beschreibt:

> Es war ein schöner, sonniger Winternachmittag in Berlin. Der Wind hatte nachgelassen, die Wolken lockerten auf und das Unwetter der letzten Tage hatte sich endgültig verzogen.[199]

Dies ist ein ganz bewusster Stilbruch. Durch die unvermittelte idyllische Beschreibung wird ein Kontrast zum bis eben abgelaufenen Horrorszenario kreiert. Fitzek nutzt hier die *Stilistik*, um durch den gezielten Stilbruch den Bruch zwischen den beiden Welten – Parkum und der Werksrealität – darzustellen. Nach dieser Textstelle beschäftigen sich die letzten Kapitel des Romans nur noch mit den Ereignissen in der werkinternen „realen" Welt. Die Ärzte beraten darüber, wie mit dem aus der Scheinwelt erwachten Larenz verfahren werden soll und kommen zur Erkenntnis, dass die Tochter nicht ertrunken ist, sondern von der Mutter ins Ausland gebracht wurde.

---

199 Ebd... S. 300.

9. Fazit

9.1 Resümee zu Fitzeks Werk aus linguistischer Sicht

Der „Linguist auf Abwegen" hat sich allein mit den Werkzeugen der Sprachwissenschaft einen literarischen Text erarbeitet. Dabei ist eine Analyse entstanden, die strukturelle Elemente der *Textlinguistik*, semantische Aussagen der *Narrationstheorie* sowie wichtige Aspekte der *Makro- und Mikrostilistik* zu Hilfe genommen hat.

Bevor ich jedoch diese drei Teilgebiete der Linguistik zurate gezogen habe, musste eine Grundannäherung an das Textkorpus erfolgen. Daher begann meine praktische Analyse mit einer Inhaltsangabe. Ich habe dann in einer formalen Analyse die *Textsorte* respektive das Genre, bestimmt. Dieses war eines der drei Untersuchungsgebiete der *Textlinguistik*. Die *Textsorte* wurde gleich zu Beginn der *textlinguistischen* Betrachtung bestimmt. Sie gehört jedoch im Grunde auch in das Aufgabengebiet der Stilforschung. Dort wird die *Textsorte* dem makrostilistischen Bereich als ein wichtiges satzübergreifendes Stilmittel zugeordnet. Es ist wichtig, frühzeitig die *Textsorte* zu bestimmen, um für alle weiteren Analyseschritte zu wissen, welche vorliegt und welche Erwartungen seitens des Rezipienten an sie gekoppelt sind. Nach der Bestimmung des Genres widmete ich mich dann den übrigen zwei Analyseschritten der *Textlinguistik*: *Textstruktur* und *Textfunktion*. Es erfolgte also eine Strukturanalyse, in der sich zeigte, dass die Figur der Josy das wichtigste Leitthema (*Koreferenz*) des Werkes ist. Wir haben im Weiteren beispielhaft Progressionen des *Thema-Rhema-Konzepts* betrachtet und die Wirkung analysiert. Auch die *thematische Entfaltung* wurde präsentiert und Fitzeks Wahl einer häufig negativ konnotierten *narrativen Entfaltung* wurde aufgezeigt. Die Texthandlung aus linguistischer Sicht wurde dann durch die Werkzeuge der *Textfunktion* bestimmt. Es zeigte sich im konkreten Analysefall von „Die Therapie", dass ein Nichtbefolgen der *Kontaktfunktion* in der direkten Figurenrede als besonderes Merkmal heraussticht.

Im nächsten Schritt wurde versucht zu beantworten, welche Erkenntnisse die angewandte *Narrationstheorie* liefern kann. *Erzählerinstanz* und wichtige *narrative Muster* konnten erarbeitet und interpretiert werden. Bemerkenswert war bei der Instanz des Erzählers, dass Fitzek dessen Perspektive von der *homodiegetischen* zur *heterodigetisch* schwanken lässt, wann immer zwischen der *intradiegetischen Ebene* der Scheinwelt Parkums und der *extradiegetischen Ebene*, die durch die werkinterne reale Welt entsteht, gewechselt wird. Zudem wurde klar, dass Fitzek nur gezielt eine *Analepsen* und eine *Prolepse* verwendet: Die *Analepse* ist die Rückblende auf das Verschwinden der Tochter und die *Prolepse* eine Prophezeiung, wie die Geschichte hätte enden können, wäre der Protagonist aufmerksamer gewesen. Die *Narrationsanalyse* zeigte ansonsten den für die *Textsorte* Thriller zu erwartenden Aufbau: weitere *narrative Muster* führten zum erwarteten Spannungsaufbau und zur Verwirrung des Rezipienten. Um den Rezipienten zu verunsichern, bricht Fitzek dabei auch teilweise mit dem *Textualitätskriterium* der *Informativität*. Er hält die Erzählstruktur so offen, dass er zum Erzählstoff immer nur die nötigsten Informationen gibt. Diese ausgelassenen Einblicke sind für einen Thriller typisch; der Rezipient soll aktiv die Informationen ergänzen. Das Buch selbst ist, von der Metaebene aus betrachtet, zum Schluss hin natürlich durch eine Auflösung geschlossen; ein offenes Ende wäre auch unbefriedigend gewesen und hätte das Einhalten der *Textkriterien* in den Augen vieler Rezipienten gefährdet.

Mit der *Stilistik* schließlich vertieften wir die linguistische Analye von „Die Therapie". Was wir dabei durchgeführt haben, war hauptsächlich eine *semantisch-stilistische* Betrachtung. Es sollte erwähnt werden, dass daneben noch eine *strukturelle* und eine *statistische* Stilerfassung als Methoden praktiziert werden.[200] Bei der Wahl der Methode entschied ich mich für Erstere, da nur hier eine kontextgebundene Betrachtungsweise möglich ist. Elemente der *strukturellen* Analyse sind in Form der *Textlinguistik* jedoch mit eingeflossen. Eine **statistische Stilistik**, wie sie in den 1970er-Jahren betrieben wurde, schien mit schlicht keine adäquate Methodik, denn eine rein quantitative Erfassung von Faktoren wie Satzlänge und Worthäufigkeit ignoriert jeglichen Kontext. Der Wert ihrer Aussagen ist daher meines Erachtens äußert begrenzt. Was konnte durch die Betrachtung der Stilelemente in Erfahrung gebracht werden? Fitzek arbeitet bereits unter der Wortebene sehr stark mit den dort gegebenen stilistischen Möglichkeiten. Dieser starke Gebrauch kann als auffällig bezeichnet werden. Auf der Wortebene dagegen ist er weitgehend auf Sparsamkeit bedacht. *Rhetorische Mittel* werden selten

---

200 Sowinski, Bernhard: Stilistik. Stiltheorien und Stilanalysen. S. 147.

verwendet und obwohl sich der *Plot* um einen Psychiater und dessen Krankheiten beschäftigt, setzt er Fachtermini ebenfalls sehr sparsam ein. Indem es so zu weniger bildlicher Sprache kommt, wirkt der Text oft wie „hingeworfene Brocken", das heißt, es werden nur die wichtigen Informationen gegeben, aber selten weitere Erläuterungen und Details. Dies kann man als Fitzeks Stil bezeichnen, denn auch

> das Fehlen von auffallenden Stilelementen ist eine Form von Stil, den man dann wahrscheinlich als 'ausdrucksarm', 'stereotyp' oder 'nüchtern' bezeichnen würde.[201]

Wir haben zwar gesehen, dass einige schmückende Stilmittel durchaus vorkommen, aber im Kontext so selten und bewusst gesetzt sind, dass es nicht übermäßig als ästhetische und bildmalende *Stilistik* erscheint. Was dagegen übermäßig auffällt, ist das Stilistika der *Ausklammerung* auf der Satzebene. In Gesprächen ist diese Form Standard, doch Fitzek übernimmt *Aposiopesen* und *Isolierung* auch in indirekter Rede und Erzählerpassagen. Auch die *makrostilistiche* Betrachtung zeigte Besonderheiten. Die emotionale Bindung zwischen Larenz und Kai war ebenfalls Thema der *Stilistik*. Hier konnte beschrieben werden, wie der Freund des Protagonisten aufgrund der geografischen Entfernung beider Personen allein durch die Sprache seine Beziehung etabliert und Rettungsversuche in der Rolle des Deus ex Machina unternimmt. Anna Spiegel dagegen tritt mit sprechendem Namen auf, was zunächst zwar nicht deutlich wird, sich im Verlaufe der Handlung – also mit dem sich aufbauenden Kontextes – etabliert. Ihre gesamte Person ist, codiert in ihrem Namen, eine *Allegorie* seiner selbst. Bringt man die eher direkte und nüchterne Wirkung der Worte und Sätze in Kombination mit der *Makrostilistik*, zeigt sich dabei noch eine Stilwirkung: Fitzek schafft eine gewisse Absurdität, indem er der brisanten Handlung eines Thrillers eine weitgehend nüchterne Schilderung zugrunde legt. Diese Nüchternheit im Stil wirkt für die zum Teil sehr gewalttätigen und moralisch verwerflichen Thematiken eine subjektiv als unpassend empfundene Atmosphäre. Dieser Stil erzeugt im Leser das ungute Gefühl, das etwas nicht stimmt, sprich genau das, was einen guten Psychothriller ausmachen sollte.

---

201 Ebd.. S. 73.

9.2 Resümee zu den Möglichkeiten einer linguistischen Analyse literarischer Texte

In Gedichtanalysen wird meist die „formale Analyse" vor die „Interpretation" gesetzt.

> Die Stilanalyse literarischer Texte […] ist als Formbeschreibung eine wichtige Grundlage, mitunter sogar die Voraussetzung der gehaltlich-ästhetischen Textinterpretation. Eine Textinterpretation ohne Stilkennzeichnung erfaßt nur einen Teil des literarischen Textes […].[202]

Im Grunde erkennt man bereits hieran, dass auch die Literaturwissenschaftler auf linguistische Analyseschritte zurückgreifen, denn die Bezeichnung „formale Analyse" umschreibt nichts anderes als diesen Umstand. Die „Interpretation", also die semantische Erschließung, basiert auf dem Erkennen von stilistischen und auch *textlinguisitschen* Kriterien. Sie wäre ohne diesen Kontext hinfällig oder zumindest vage und nicht überprüfbar. Wissenschaft-liche Arbeiten sollten aber immer die Kriterien der Objektivität und der Überprüfbarkeit erfüllen. Ich habe daher versucht, einen angemessenen Katalog von Analysemitteln zu präsentieren. Ich habe dafür die *Textlinguistik*, die *Narrationstheorie* und die *Stilistik* gewählt und nach den theoretischen Erläuterungen zu diesen Teilgebieten ihren didaktischen Wert am konkreten Beispiel gezeigt. Die vorgestellten Arbeitschritte aus dem theoretischen Block wurden dafür so weit wie möglich linear in den zweiten Block übertragen, um den „roten Faden" sichtbar zu machen.

Es ergab sich beim Erschließen der Arbeit für mich das Problem, dass manche der angewandten Werkzeuge in verschiedenen Themengebieten der Linguistik benutzt werden. Aus Gründen der Strukturwahrung habe ich mich entschieden, ein solches Werkzeug nur in einem der theoretischen Kapitel zu erläutern und es in einem nächsten, wo es auch verwendet werden würde, nur namentlich mit Rückverweis zu nennen. So war beispielsweise die Analyse der *Textsorte* zugleich Gebiet der *Textlinguistik*, als auch der *Narrations-theorie* und der *Stilistik*.

Die Arbeit sollte deutlich machen, dass es für Linguisten ein breites Spektrum an Möglichkeiten gibt, einen literarischen Text aus ihrem Fachgebiet heraus zu erschließen. Grundlegende *Textstrukturen* und *Textfunktionen* können durch die

---

[202] Ebd.. S. 168.

Textlinguistik ermittelt werden und helfen, erste Erkenntnisse zur Erwartungshaltung von Rezipienten zu erlangen. Der Thriller „Die Therapie" war dafür ein anschauliches Beispiel. *Koreferenzen* zeigten den Schwerpunkt bestimmte außersprachlicher Dinge, wie in diesem Beispiel die Tochter des Protagonisten. Wir haben uns zudem die *Erzählerinstanz* – oder vielmehr die *Erzählerinstanzen* – genauer angesehen und die *narrativen Muster* grob auf das Textkorpus angewandt. Eine noch eingehendere Betrachtung konnte abschließend mit der Bestimmung der Stilistika erreicht werden. Dabei hat es sich bei der Analyse bewährt, immer zuerst die Stilmittel im Werk zu erfassen. Liegt ein umfangreicher Text zugrunde, muss dies oft exemplarisch erfolgen. Nach der Erhebung der Stilistika teilt man diese der *Makro-* oder *Mikroebene* zu und beschreibt anschließend ihre Funktion. Dabei ist es besonders wichtig, auf den Kontext zu achten. Abschließend lässt sich dann aus der Konklusion all dieser Erkenntnisse die stilistische Wirkung ableiten und eine Aussage hinsichtlich einer möglichen Interpretation treffen. Die vier Fragen nach Stilentstehung, Stilabsicht, Stiloptionen und Stilwirkung könnten so durch beispielhafte Textanalysen beantwortet werden. *Stilistik* war für mich in dieser didaktischen Arbeit vor allen Dingen eines: angewandte Linguistik. Ich wollte zeigen, dass allein durch gezieltes linguistisches Arbeiten Fragen, wie etwa nach der Wirkung des Satzes „Ich war tot."[203] , geklärt werden können. In jenem Fall war es unser Wissen darum, dass das *Tempus* „falsch" verwendet wurde, das Verwirrung und Spannung erzeugte. Diese Diskrepanz lässt und stutzen und macht neugierig.

Man kann die Stilelemente in einem Text also deskriptiv erfassen. Untersucht man dazu parallel die *Narrationsmuster* und widmet sich im *textlinguistischen* Rahmen der Textanalyse und der *Textfunktion* sowie der konkreten *Textsorte*, kann man auch eine Text- und Stilintention feststellen und fundierte Interpretationen vornehmen. Ein literarischer Text in den Händen eines Linguisten – nicht nur machbar, sondern auch erkenntnisbringend.

Was ich in dieser Arbeit im Praxisteil an einem Beispiel veranschaulicht habe, kann mit jedem literarischen Werk betrieben werden. „Die Therapie" war ein ausgewähltes Beispiel. Andere Genres, oder gar andere *Textsorten* erfordern jedoch andere Werkzeuge. Die Möglichkeiten einer linguistischen Analyse sind schlicht derart

---

203 Fitzek, Sebastian: Die Therapie. S. 26.

zahlreich, dass ich Schwerpunkte, orientiert am praktischen Teil und den dort vorkommenden Analysemöglichkeiten, setzen musste. Das mindert zwar den didaktischen Wert dieser Arbeit im Speziellen, spricht aber nur umso mehr für das große Anwendungsgebiet der Linguistik. Eine stärkere Mischform von literaturwissenschaftlicher und sprach-wissenschaftlicher Analyse ist in jedem Fall wünschenwert. Die Tatsache, dass die Erkenntnisse somit fundierter werden würdem, habe ich aufgezeigt. Der Beitrag der Linguisten ist es, die sprachlichen Möglichkeiten und ihre konkreten Wirkungen zu beschreiben. Die linguistische Analyse eines literatischen Textes ist daher nicht ungewöhnlich und sollte es auch nicht sein. Vielmehr ist es wünschenswert, dass bei der Betrachtung solcher Textkorpora verstärkt interdisziplinär gearbeitet wird und philologische mit sprachwissenschaftliche Überlegungen zusammengeführt werden. Der Erkenntnisgewinn ließe sich so deutlich steigern.

Literaturverzeichnis

Betrachtetes Textkorpus

Fitzek, Sebastian: Die Therapie. Psychothriller. Knaur Taschenbuchverlag. München 2006.

Sekundärliteratur zur linguistischen Analyse literarischer Texte

Black, Max: Metaphor. Aus dem Englischen übersetzt von Margit Smuda. In: Proceeding of Aristotelian Society 55. Ithaca Verlainteraktiong. New York 1962.

Brinker, Klaus: Linguistische Textanalyse. Eine Einführung in Grundbegriffe und Methoden. Erich Schmidt Verlag. Berlin 2005.

Burger, Harald: Mediensprache. Eine Einführung in Sprache und Kommunikationsformen der Massenmedien. Walter de Gruyter Verlag. Berlin 2005.

Dijk, Teun Adrianus van: Textwissenschaft. Eine interdisziplinäre Einführung. Niemeyer-Verlag. Tübingen 1980.

Dimter, Matthias: Textklassenkonzepte heutiger Alltagssprache. Kommunikationssituation, Textfunktion und Textinhalt als Kategorien alltagssprachlicher Textklassifikation. Niemeyer Verlag. Tübingen 1981.

Genette, Gérard: Die Erzählung. Aus dem Französischen von Andreas Knop. Mit einem Nachwort herausgegeben von Jochen Vogt. Fink-Verlag. München 1998.

Graubner, Hans: Stilistik. In: Arnold, Heinz Ludwig/Sinemus, Volker: Grundzüge der Literatur- und Sprachwissenschaft. Band I. Deutscher Taschenbuchverlag. München 1973. S.164-187.

Hickethier, Knut: Das Erzählen der Welt in den Fernsehnachrichten. Überlegungen zu einer Narrationstheorie der Nachricht. In: Rundfunk und Fernsehen 45. Nomos Verlagsgesellschaft. 1997. S. 5-18.

Kolmer, Lothar/Carmen Rob-Santer: Studienbuch Rhetorik. Schöningh-Verlag. Paderborn 2002.

Körner, Josef: Einführung in die Poetik. Verlag G. Schulte-Bulmke. Frankfurt am Main 1968.

Lamping, Dieter (Hrsg.): Handbuch der literarischen Gattungen. Alfred Kröner Verlag. Stuttgart 2009.

Lejeune, Philippe: Der autobiographische Pakt. Suhrkamp Verlag. Frankfurt am Main 1994.

Luginbühl, Martin/Schwab, Kathrine/Burger, Harald: Geschichten über Fremde. Eine linguistische Narrationsanalyse von Schweizer Fernsehnachrichten von 1957 bis 1999. Peter Lang-Verlag. Bern 2004.

Martinez, Matias/Scheffel, Michael: Einführung in die Erzähltheorie. Beck-Verlag. München 2005.

Nusser, Peter: Der Kriminalroman. Metzlersche Verlagsbuchhandlung. Stuttgart1980.

Sandig, Barbara: Stilistik. Sprachpragmatische Grundlegung der Stilbeschreibung. Walter de Gruyter Verlag. Berlin 1978.

Seidler, Herbert: Allgemeine Stilistik. Vandenhoeck & Ruprecht. Göttingen 1963.

Seiffert, Helmut: Stil heute. Eine Einführung in die Stilistik. Beck-Verlag. München 1977.

Sowinski, Bernhard: Deutsche Stilistik. Beobachtungen zur Sprachverwendung und Sprachgestaltung im Deutschen. Fischer Taschenbuchverlag. Frankfurt am Main 1973.

Sowinski, Bernhard: Stilistik. Stiltheorien und Stilanalysen. Metzlersche Verlagsbuchhandlung. Stuttgart 1999.

Sowinski, Bernhard: Textlinguistik. Eine Einführung. Verlag W. Kohlhammer. Stuttgart 1983.

Stanzel, Franz K. Theorie des Erzählens. Vandenhoeck & Ruprecht. Göttingen 1995.

Vater, Heinz: Einführung in die Textlinguistik. Struktur und Verstehen von Texten. Fink Verlag. München 1994.

Weischenberg, Siegfried: Nachrichtenschreiben. Journalisitische Praxis. Westdeutscher Verlag. Opladen 1988.

Zipfel, Frank: Fiktion, Fiktivität, Fiktionalität. Analysen zur Fiktion in der Literatur und zum Fiktionsbegriff in der Literaturwissenschaft. Berlin 2001.
Abbildungen

Abbildung 1:

Dijk, Teun Adrianus van: Textwissenschaft. Eine interdisziplinäre Einführung. Niemeyer-Verlag. Tübingen 1980. S. 142.

Abbildung 2:

Stanzel, Franz Karl: Theorie des Erzählens. Vandenhoeck & Ruprecht. Göttingen 1995. S. 81.